Trainingseinheiten- Szenarios in der Pflege

von Heike Jacobs

Internet: www.heikejaobs.de
E-Mail: heikejacobs@gmx.net
1. Auflage 2025
Verlag: BoD · Books on Demand GmbH,
Überseering 33, 22297 Hamburg,
bod@bod.de
Druck: Libri Plureos GmbH,
Friedensallee 273, 22763 Hamburg

ISBN: 978-3-8192-9556-0

Inhaltsverzeichnis

Grußwort

Lieber Lerner, liebe Lernerin,

Sie halten gerade ein etwas anderes Lehr- und Trainingsbuch in den Händen! Herzlichen Glückwunsch zur Kaufentscheidung!

Im vorliegenden Heft habe ich als langjährige Dozentin, Bewerterin und Prüferin für Deutsch als Fremdsprache ein umfangreiches Trainings- und Lernprogramm zum Thema „Deutsch in der Pflege" erarbeitet. Es orientiert sich am GER-Niveau B2 und an den Anforderungen im Pflegealltag. Es enthält zahlreiche Übungen, wie sie sowohl in den Sprachprüfungen abgefordert werden als auch im pflegerischen Alltag anzutreffen sind.

Ich habe für Sie Szenarios entwickelt, um dem kommunikativen Ansatz gerecht zu werden, denn Pflegearbeit ist Kommunikation auf der Grundlage von Fachwissen.

Was finden Sie also in diesem Trainingsbuch?

Es enthält zehn Szenarios, die dem Arbeitsalltag einer Pflegefachkraft entsprechen. Ergänzend wurde umfassendes Begleitmaterial von mir erarbeitet, das Sie je nach Wunsch einsetzen können. Dazu gehören: eine Lehrerübersicht zu jedem Szenario mit Reihenplanung, ready-to-use-Arbeitsblätter, Lösungen mit Erwartungshorizont und Ideen für ergänzende Szenarioschritte. Alles kann ohne große Vorbereitungszeit genutzt werden. So ist ein direkter Einstieg möglich. Die logische Struktur des gesamten Buches erleichtert Ihnen das schnelle Zurechtfinden darin.

Dabei können Sie natürlich viel sprechen, aber auch Höranteile sind integriert. Um eventuell Wissen zu erweitern oder aufzufrischen, wurden inhaltlich orientierte Arbeitsblätter mit Fachtexten und Übungen entwickelt.

Sie werden also nach der Bearbeitung dieser Szenarios nicht nur besser auf den Arbeitsalltag, sondern auch für die Abschlussprüfung Ihres Deutschkurses auf dem Niveau B2 vorbereitet sein!

Zum Glück konnte die erfolgreiche Illustratorin Carla Guerrero für dieses Projekt gewonnen werden, damit Sie als Lerner oder Lernerin ergänzend inspirierende Aquarelle zu den Themen genießen können.

Ich wünsche Ihnen viel Spaß und Erfolg beim Bearbeiten der Szenarios!
Die Hördateien können Sie ganz einfach über den QR-Code abrufen.

Probieren Sie es aus!
Ihre

Heike Jacobs

Illustrationen von Carla Guerrero

 Carla Guerrero wurde in Venezuela geboren und studierte einige Jahre Modedesign an der IED Radioelettra in Rom. An dieser renommierten Hochschule erlernte sie sowohl das Design von Kleidung als auch das Zeichnen. Ihr unverwechselbarer Umgang mit Farben, Materialien und Stoffen wurde dort entwickelt und verfeinert. Zurück in Venezuela studierte sie Industriedesign an der Universidad de los Andes in Merida und schloss 2008 dort mit einem Master in Industriedesigner ab. Seitdem arbeitet sie sowohl als freie Künstlerin und Kostümbildnerin als auch als Dozentin an der UNEARTE in Caracas. Zahlreiche Projekte konnte sie inzwischen verwirklichen.

Nach Teilnahme an verschiedenen Kunstwettbewerben konnte sie als Gewinnerin wertvolle Preise entgegennehmen, zum Beispiel 2017 in der palästinensischen Botschaft in Venezuela für ihre Arbeit „Die Bäume werden gehen".

Die wahre Liebe brachte Frau Guerrero letztendlich nach Deutschland, wo sie als Näherin und Illustratorin tätig wurde. Sie stellte ihre Bilder in verschiedenen Ausstellungen oder im Rahmen von Projekten vor. Besonders bemerkenswert war die Ausstellung „Watercolor Diary" in der venezolanischen Botschaft Berlin (2023).

Es ist mir eine Freude, diese lebendigen und besonderen Arbeiten von Carla Guerrero in diesem Buch präsentieren zu können.

Kontaktadresse: **carlaguerrero@gmail.com**

Aufbau und Ablauf der Szenarios

Dieses Buch ist in eine klare Struktur gegliedert. Es enthält 10 umfangreiche Szenarios, die sich thematisch zwar unterscheiden, inhaltlich aber manchmal weiterführend sind. Jedes Szenario folgt dabei einer inhärenten Logik und verwendet zur Orientierung Piktogramme.

Es enthält Audios und zu jedem Szenario-Schritt mindestens ein ergänzendes Arbeitsblatt mit vertiefenden Redemitteln oder ergänzenden Angeboten, um dieses Thema inhaltlich besser zu durchdringen.

Aquarelle von Carla Guerrero

Jedes Szenario wird durch ein Aquarell von Frau Guerrero eröffnet, dass als Brainstorming-Vorlage zur Thematik verwendet werden kann. Damit lässt sich Wortschatz wiederholen oder neu generieren. Zum Beispiel für das zweite Kapitel: Umgang mit Konflikten.

1. Mund- und Zahnpflege

Übersicht des Szenarios

Danach erfolgt eine Übersicht des gesamten Szenarios. Links werden die einzelnen Schritte (Sozialformen) via Piktogramm verschlüsselt. Über das ganze Buch hinweg steht das gleiche Piktogramm für die gleiche Art Sozialform. Das erleichtert die schnelle Anwendung ohne viel Vorbereitungszeit. Danach erfolgt rechts daneben der Name des Schrittes, die angebotenen Materialien (Audios, Arbeitsblätter und Lösungsvorschläge).

Eine geschätzte Bearbeitungszeit ermöglicht die bessere Unterrichtsplanung.

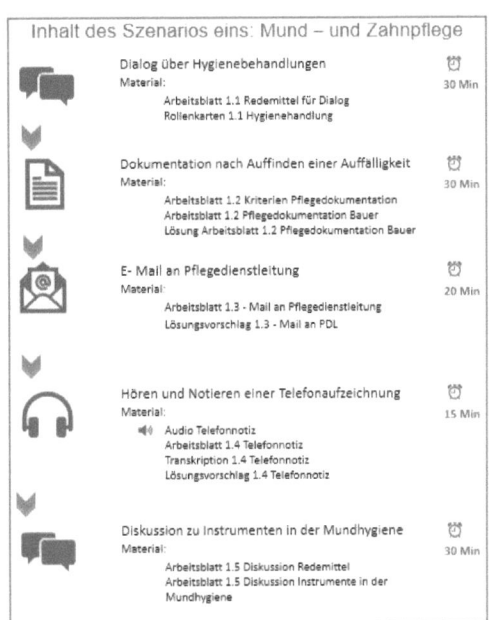

Inhalt des Szenarios eins: Mund – und Zahnpflege

Dialog über Hygienebehandlungen — 30 Min
Material:
Arbeitsblatt 1.1 Redemittel für Dialog
Rollenkarten 1.1 Hygienehandlung

Dokumentation nach Auffinden einer Auffälligkeit — 30 Min
Material:
Arbeitsblatt 1.2 Kriterien Pflegedokumentation
Arbeitsblatt 1.2 Pflegedokumentation Bauer
Lösung Arbeitsblatt 1.2 Pflegedokumentation Bauer

E- Mail an Pflegedienstleitung — 20 Min
Material:
Arbeitsblatt 1.3 - Mail an Pflegedienstleitung
Lösungsvorschlag 1.3 - Mail an PDL

Hören und Notieren einer Telefonaufzeichnung — 15 Min
Material:
Audio Telefonnotiz
Arbeitsblatt 1.4 Telefonnotiz
Transkription 1.4 Telefonnotiz
Lösungsvorschlag 1.4 Telefonnotiz

Diskussion zu Instrumenten in der Mundhygiene — 30 Min
Material:
Arbeitsblatt 1.5 Diskussion Redemittel
Arbeitsblatt 1.5 Diskussion Instrumente in der Mundhygiene

Übersicht der einzelnen Szenario-Schritte

Auf der dritten Seite des Szenarios finden Sie den Namen des Schrittes, das Lernziel und die grob zu schätzende Zeit. Je nach Kompetenzstärke der Lerner und Lernerinnen ist die benötigte Zeit anzupassen.

Anschließend erfolgt nach der Situation oft ein inhaltlicher Input, der mit dem Piktogramm Lampe gekennzeichnet ist.

Alle Anweisungen und dazugehörigen Arbeitsmaterialien werden durch das Comic-Männchen angezeigt.

Die zu verwendenden Audios können über den QR-Code abgerufen werden. Sie finden ihn in der Begrüßung des Buches.

1.1 Hygienehandlung zwischen PFK und Patientin — 30 Min

Austausch von Informationen, Gestaltung sozialer Kontakte: Gespräche angemessen einleiten, Probleme benennen, angemessen abschließen

Situation: Die Patientin Frau Maria Bauer lebt im Altenheim „Am Blauen Wunder". Sie hat aufgrund eines Schlaganfalls Mühe bei der Mundpflege. Deshalb soll die Pflegefachkraft Kathrin unterstützend tätig werden und der Patientin verschiedene Dinge reichen. Es ist morgens und sie stehen dafür beide gemeinsam vor einem Waschbecken und haben entsprechende Dinge (Zahnpasta, Mundwasser, Zahnputzbürste und einen Wasserbecher für die Prothese) neben sich platziert.

Merke: Nach einem Schlaganfall können durch physiotherapeutische Übungen Kompensationen im Gehirn unterstützt werden. Alle Handlungen der Pflegefachkraft sollten deshalb immer **von der betroffenen Seite aus** erfolgen. Im Falle der Mundpflege muss die Ansprache der Patientin, das Anreichen des Zahnputzbechers und der -bürste usw. von der beeinträchtigten Seite her erfolgen. Auch kann die Hand der Patientin unterstützend zum Mund geführt werden.

Entwickeln Sie Redemittel und anschließend damit einen Dialog zwischen der Pflegekraft Kathrin und der Patientin Frau Bauer!
Verwenden Sie dazu
Arbeitsblatt zu 1.1 Redemittel für Dialog

Entwickeln Sie ein Rollenspiel zwischen PFK Kathrin und Patientin Frau Bauer. Erklären Sie als PFK der Patientin genau jeden Handlungsschritt und geben Sie dabei Sicherheit. Nutzen Sie dafür
Rollenkarten zu 1.1 Hygienehandlungen

Auflistung der verwendeten Piktogramme

Jeder Szenario-Schritt wird durch ein Piktogramm symbolisiert. Welche Bedeutung diese haben, wird nun folgend aufgeführt.

Kurzvortrag/ Monolog	E-Mail schreiben
Dialog/ Smalltalk zwei Personen	Dokumentation anfertigen Formulare ausfüllen
Gruppenarbeit/ Dialog drei Personen	Fachtext lesen inhaltlich arbeiten
Diskussion, Meinung äußern zu einem Thema Plenum	Selbstreflexion
Telefonat führen	ungefähre Zeit
Hören und Notieren einer Nachricht	Audio
Merke inhaltliche Inputs Informationen zum Thema	Aufgaben
Schreiben/ Notieren	

Manche Szenario-Schritte enthalten auch zwei Sozialformen. Das ist übersichtlich über die Piktogramme dargestellt. Dieser dann zweite Schritt ist ein Angebot, um Gedanken zu reflektieren, Kommunikation zu ermöglichen oder um Dinge zu wiederholen.

Viel Spaß und Erfolg mit diesem vielfältigen Material!

1. Mund- und Zahnpflege

Inhalt des ersten Szenarios: Mund–und Zahnpflege

Dialog über Hygienebehandlungen
30 Min

Material:

    Arbeitsblatt 1.1 Redemittel für Dialog
    Rollenkarten 1.1 Hygienehandlung

Dokumentation nach Auffinden einer Auffälligkeit
30 Min

Material:

    Arbeitsblatt 1.2 Kriterien Pflegedokumentation
    Arbeitsblatt 1.2 Pflegedokumentation Bauer
    Lösung Arbeitsblatt 1.2 Pflegedokumentation Bauer

E-Mail an Pflegedienstleitung
20 Min

Material:

    Arbeitsblatt 1.3 E-Mail an Pflegedienstleitung
    Lösungsvorschlag 1.3 E-Mail an PDL

Hören und Notieren einer Telefonaufzeichnung
15 Min

Material:

    Audio 1.4 Telefonnotiz
    Arbeitsblatt 1.4 Telefonnotiz
    Transkription 1.4 Telefonnotiz
    Lösungsvorschlag 1.4 Telefonnotiz

Diskussion zu Instrumenten in der Mundhygiene
30 Min

Material:

    Arbeitsblatt 1.5 Diskussion Redemittel
    Arbeitsblatt 1.5 Diskussion Instrumente in der Mund-
    hygiene

Anlass:

Die Unterstützung eines Patienten bei der Mundhygiene ist ein wichtiger Bestandteil der Pflegearbeit, insbesondere bei Menschen, die aufgrund eines Schlaganfalls, Demenz oder anderer gesundheitlicher Probleme Schwierigkeiten haben, dies selbstständig zu tun. Diese Pflegehandlungen gehören sowohl in Altenheimen als auch in medizinischen Einrichtungen zu den täglich anfallenden Arbeiten einer Pflegefachkraft.

Ziel ist dabei stets, das aktuelle Level an Selbständigkeit zu erhalten. Was die Patientin/ der Patient selbst kann, sollte diese/ dieser auch selbst umsetzen. Bleiben Sie in kommunikativem Kontakt mit dem zu Pflegenden, auch wenn der Mundraum gerade belegt ist. Achten Sie auf Körpersignale!

 # 1.1 Hygienehandlung zwischen PFK und Patientin

30 Min

Austausch von Informationen, Gestaltung sozialer Kontakte
Gespräche angemessen einleiten, Probleme benennen, angemessen abschließen

Situation:

Die Patientin Frau Maria Bauer lebt im Altenheim „Am Blauen Wunder". Sie hat aufgrund eines Schlaganfalls Mühe bei der Mundpflege. Deshalb soll die Pflegefachkraft Kathrin unterstützend tätig werden und der Patientin verschiedene Dinge reichen. Es ist morgens und Sie sind dafür beide gemeinsam vor einem Waschbecken und haben entsprechende Dinge (Zahnpasta, Mundwasser, Zahnputzbürste und einen Wasserbecher für die Prothese) neben sich platziert. Die Patientin sitzt auf einem Stuhl und muss sich etwas über das Becken beugen, um sich nicht zu beschmutzen.

Merke:

Nach einem Schlaganfall können durch physiotherapeutische Übungen Kompensationen im Gehirn unterstützt werden. Alle Handlungen der Pflegefachkraft sollten deshalb immer von der betroffenen Seite aus erfolgen. Im Falle der Mundpflege muss die Ansprache der Patientin, das Anreichen des Zahnputzbechers und der -bürste usw. von der beeinträchtigten Seite her erfolgen. Auch kann die Hand der Patientin unterstützend zum Mund geführt werden.

Entwickeln Sie zuerst Redemittel und anschließend damit einen Dialog zwischen der Pflegekraft Kathrin und der Patientin Frau Bauer!
Verwenden Sie dazu:
Arbeitsblatt 1.1 Redemittel für Dialog

Entwickeln Sie ein Rollenspiel zwischen Pflegefachkraft Kathrin und Patientin Frau Bauer. Erklären Sie als PFK der Patientin genau jeden Handlungsschritt und geben Sie der Patientin dabei Sicherheit.
Nutzen Sie dafür:
Rollenkarten 1.1 Hygienehandlungen

 ## Arbeitsblatt 1.1 Redemittel für Dialog

Bitte entwickeln Sie Redemittel für die Pflegekraft, um die Patientin bei der Mundpflege zu begleiten und zu unterstützen!

Ziel ist es, anschließend einen Dialog zwischen den beiden Personen zu spielen.

um Hilfe bitten
-
-
-

Informationen anbieten
-
-
-

Nachfragen stellen
-
-
-

eigene Ideen
-
-
-

Entwickeln Sie jetzt einen Dialog. Spielen Sie ihn anschließend im Plenum!

 Für den Fall, dass Sie in einer größeren Gruppe arbeiten:

Geben Sie Ihren Kollegen aus dem Plenum bitte Feedback! Achten Sie darauf, wertschätzendes und zielorientiertes Feedback zu geben!

 # Rollenkarten 1.1 Hygienehandlungen

Entwickeln Sie einen Dialog zwischen der Pflegefachkraft und der Patientin!
Erklären Sie als Pflegefachkraft Kathrin der Patientin Frau Bauer Schritt für Schritt genau, was Sie tun wollen.

Äußern Sie dabei Bitten um Unterstützung, danken Sie der Patientin, loben Sie die Patientin gern für ihre gezeigte Motivation und Mitarbeit!

Formulieren Sie Empfehlungen zu einer geeigneten Therapie!

Vorschlag zur Struktur des Gesprächs

- Orientieren Sie sich an den W- Fragen!

- **Was** → Maßnahme vorschlagen

- **Warum** → Sinn der Maßnahme erklären

- **Wie** → Umsetzung der Maßnahme

- **Welche Mithilfe**→ Aufgaben der Patientin

Sie arbeiten im Altenheim "Am Blauen Wunder" als Pflegefachkraft Kathrin Krüger und sollen die Bewohnerin Frau Maria Bauer bei Ihrer Mundhygiene unterstützen. Sie wissen, dass sie vor einiger Zeit linksseitig einen leichten Schlaganfall erlitten hat. Deshalb benötigt sie Unterstützung bei ihrer Mundhygiene. Ihr rechter Arm arbeitet feinmotorisch nicht sehr genau. Bieten Sie der Bewohnerin angemessen Hilfe an!

Sprechen Sie anschließend mit Frau Bauer über eine unterstützende Physiotherapie.

Sie sind Frau Maria Bauer, geb. am 08.12.1941, und leben seit zwei Jahren im Altenheim "Am Blauen Wunder". Sie hatten vor einiger Zeit einen leichten Schlaganfall. Deshalb gehorcht Ihnen Ihr rechter Arm nicht mehr so richtig.

Die morgendliche Mundhygiene gelingt Ihnen nicht allein, obwohl Sie sich sehr bemühen, den Arm zu bewegen.

Schwester Kathrin steht neben Ihnen und unterstützt. Sie sind offen für Hilfe und Vorschläge.

1.2 Dokumentation nach Finden einer Auffälligkeit bei der Patientin

30 Min

Pflegeprozesse angemessen dokumentieren

Situation:

Sie haben nun gemeinsam mit der Patientin Frau Bauer ihren Mundraum gereinigt und dabei einen ca. 8-mm-Knoten an der Zunge entdeckt. Auch haben Sie der Patientin zur Verbesserung ihrer Mund–Arm-Koordination eine Physiotherapie empfohlen.

Nachdem die Patientin eingewilligt hatte, versprachen Sie ihr, sich gleich darum zu kümmern.

Zuerst dokumentieren Sie Ihre Pflegehandlung.

Merke:

Als Pflegekraft müssen Sie täglich Pflegeberichte und andere Formulare ausfüllen. Dies sind dann offizielle Dokumente, die verschiedene Funktionen erfüllen müssen. Dazu zählen unter anderem Informationen an die Kollegen weitergeben, das Einleiten geeigneter Maßnahmen oder die Abrechnung geleisteter Dienste. Deshalb müssen diese Notizen objektiv und nachvollziehbar formuliert werden. Grundsätzlich lassen sich sieben Kriterien ableiten, die beim Schreiben berücksichtigt werden sollten.

Bitte bearbeiten Sie vor der Dokumentation das Arbeitsblatt:
Arbeitsblatt 1.2 Kriterien Pflegedokumentation

> **Lösung:** 1D, 2E, 3G, 4A, 5C, 6B, 7F

Bitte dokumentieren Sie den Reinigungsprozess und das Ergebnis des Gesprächs mit Frau Bauer im Pflegebericht!

Verwenden Sie dazu:
Arbeitsblatt 1.2 Pflegedokumentation
Um eine Idee zum Anspruchsniveau zu bekommen, können Sie abschließend vergleichen mit:
Lösung Arbeitsblatt 1.2 Pflegedokumentation

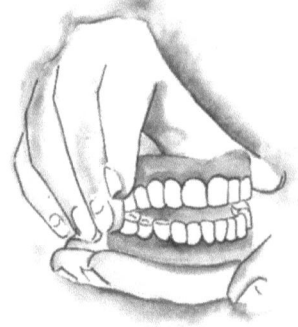

Arbeitsblatt 1.2 Kriterien Pflegedokumentation

Dokumentationen gehören zu einer fachlich guten und im Team abgestimmten Pflege. Sie dokumentieren dabei, was Sie mit Ihren Sinnen wahrnehmen und was Sie getan haben. In diesen dann offiziellen Dokumenten werden nur Maßnahmen und Wahrnehmungen verschriftlicht, die für die pflegerische Versorgung und den Gesundheitszustand der Pflegebedürftigen relevant sind. Alle Eintragungen müssen objektiv und nachvollziehbar formuliert werden. Es sollten beim Schreiben grundsätzlich sieben Kriterien berücksichtigt werden.

Bitte ordnen Sie die Kriterien den Beschreibungen zu!

1. lückenlos	A: Bitte verwenden Sie keine Vermutungen und bewerten Sie die Situation und das Verhalten der Patienten nicht.
2. kurz und knapp	B: Verwenden Sie beim Schreiben keine Emotionswörter, lassen Sie eigene Emotionen ganz heraus!
3. klare Äußerungen	C: Schreiben Sie nicht nur Ereignisse, sondern auch Ihre Reaktionen und Maßnahmen auf!
4. wertungslos	D: Im Bericht muss jeder Handlungsschritt notiert werden.
5. Ereignisse, Maßnahmen	E: Schreiben Sie die Sätze kurz und knapp, keine unnötigen Ausführungen.
6. emotionslos	F: Verwenden Sie objektive Begriffe und Beschreibungen, keine Umgangssprache! Gern auch Fachsprache
7. keine Umgangssprache	G: Schreiben Sie so präzise wie möglich!

 Verfassen Sie nun eigene Sätze und beschreiben mit eigenen Worten die Maßstäbe für eine gute Pflegedokumentation. Verwenden Sie kohärenzstiftende Mittel!

Arbeitsblatt 1.2 Pflegedokumentation

Sie haben nun gemeinsam mit Ihrer Kollegin das Rollenspiel mit der Patientin Frau Bauer im Kurs absolviert. Währenddessen wurde bei der Patientin ein ca. 8-mm-Knoten an der Zunge entdeckt. Bitte dokumentieren Sie diesen Prozess und das Ergebnis des Gesprächs im Pflegebericht.

 Schreiben Sie nun zur Situation eine Pflegedokumentation! Verwenden Sie dazu die demografischen Daten der Patientin vom:
Arbeitsblatt 1.1 Hygienehandlungen

Pflegebericht Name:		, *geb.:*	
Datum	**Uhrzeit**	**Pflegebericht**	**Hz.**

 Wenn Sie den Bericht beendet haben, tauschen Sie ihn gern mit Ihrem Partner. Geben Sie sich Feedback und nehmen Sie berechtigtes Feedback an.

Lösungsvorschlag Arbeitsblatt 1.2 Pflegedokumentation

Sie haben nun den Pflegeprozess dokumentiert. Eine mögliche Version davon können Sie hier finden.

Achten Sie im Feedback darauf, die „Sandwichmethode" anzuwenden. Das bedeutet, zielorientiert zu kommunizieren. Zuerst starten Sie mit Positivem, dann das Verbesserungswürdige, dann enden Sie mit einem positiven Ausspruch.

Pflegebericht Name: *Maria Bauer, geb. 08.12.1941*			
Datum	**Uhrzeit**	**Pflegebericht**	**Hz.**
03.05.202..	7:00Uhr	- Patientin wird beim Zähneputzen unterstützt - Bewegungen des betroffenen Armes mehrfach wiederholt - Arm-Mundkoordination muss weiter verbessert werden → Physiotherapie empfohlen- Patientin hat eingewilligt - bitte Termin vereinbaren!	
	7:10 Uhr	- An der Zunge wurde ein 8mm-Knoten entdeckt. - E-Mail an Pflegedienstleitung zur Information wird geschrieben - Bitte zur Diagnose an Facharzt weiterleiten!	

1.3 E-Mail an Pflegedienstleitung schreiben

20 Min

Probleme und Auffälligkeiten benennen, personenbezogene Angaben machen

Situation:

Während der Mundpflege hat die Pflegefachkraft Kathrin bei der Bewohnerin Frau Bauer einen 8mm-Knoten an der Zunge entdeckt, was sie nun nach der Dokumentation im Pflegebericht an die Pflegedienstleitung weiterleitet. Sie schreibt deshalb eine E-Mail.

Merke:

Jede E-Mail weist bestimmte Strukturelemente auf. Sie sollte aus dem Betreff, der Begrüßung, der Einleitung, dem Anliegen und dem Schluss plus Verabschiedung und Namen bestehen. Dieses Schreiben sollte in Sätzen formuliert werden.

Schreiben Sie zu folgenden Punkten:

> **Situation:** Was ist wann, mit wem passiert?
>
> **Maßnahmen:** Was haben Sie unternommen?
>
> **Folgendes:** Frage nach weiterem Vorgehen

Schreiben Sie eine kurze Mail an Sebastian Schmidt, die Pflegedienstleitung Ihrer Station! Achten Sie auf strukturierende Adverbien und sonstige kohärenzstiftende Mittel!

Bitte verwenden Sie zum Schreiben das Arbeitsblatt:
Arbeitsblatt 1.3 E-Mail an Pflegedienstleitung

Um eine Idee zum Anspruchsniveau zu bekommen, können Sie abschließend vergleichen mit:
Lösungsvorschlag 1.3 E-Mail an Pflegedienstleitung

Arbeitsblatt 1.3 E-Mail an Pflegedienstleitung

 Schreiben Sie eine kurze Mail an Sebastian Schmidt, die Pflegedienstleitung Ihrer Station!

 **Verwenden Sie dazu folgende Strukturelemente:**
Anredeformel
Sehr geehrte Frau..,/ Sehr geehrter Herr ..., Sehr geehrte Damen und Herren,
Grußformel
Mit freundlichen Grüßen
Mit besten Grüßen
Der Rest der Mail folgt dem Schema: **Situation, Ihre eingeleiteten Maßnahmen, vielleicht Ihre Planungen**

Situation: Was ist wann, mit wem passiert?

Maßnahmen: Was haben Sie unternommen?

Folgendes: Frage nach weiterem Vorgehen

Von:

An:

Betreff:

Lösungsvorschlag 1.3 E-Mail an Pflegedienstleitung

Hier finden Sie einen möglichen Lösungsvorschlag.

Es ist wichtig, dass neben den flankierenden Strukturmerkmalen (Begrüßung, kurze Einleitung, Schlusssatz und Verabschiedung plus Name) alle drei Inhaltspunkte in der Mail bearbeitet wurden.

Situation: Was ist wann, mit wem passiert?

Maßnahmen: Was haben Sie unternommen?

Folgendes: Frage nach weiterem Vorgehen

Von:
An: SebastianSchmidt@xyz.de
Betreff:

Sehr geehrter Herr Schmidt,

ich habe am heutigen 03. Mai während der Mundhygiene an Frau Bauers Zunge einen etwa 8mm großen Knoten entdeckt. Die Patientin sagt, dass Sie das auch schon beobachtet habe. Sie ist an dieser Stelle schmerzfrei. Ich beruhigte sie und es wurde alles dokumentiert. Ich denke, es wäre gut, einen Arzt hinzuzuziehen. Bitte informieren Sie mich, ob ich dort einen Termin für Frau Bauer vereinbaren soll. Natürlich würde ich bei Bedarf und Möglichkeit die Bewohnerin auch zum Arzt begleiten.

Ich warte auf Ihre Anweisungen.

Mit besten Grüßen Schwester Kathrin

Station 4

1.4 Hören und Notieren einer Telefonaufzeichnung

15 Min

inner- und außerbetriebliche Informationen aufnehmen und verschriftlichen

Situation:

Ihre Pflegedienstleitung Herr Schmidt hat Sie nach Ihrer E-Mail beauftragt, für Frau M. Bauer einen Untersuchungstermin bei ihrem Hausarzt zu vereinbaren. Das ist erfolgt. Nun gibt es eine telefonische Nachricht auf Ihrem Stationstelefon von der Arztpraxis. Bitte notieren Sie die wichtigsten Informationen stichpunktartig. Sie schreiben für Ihren Kollegen in der morgigen Frühschicht.

 Hören Sie und schreiben Sie den Namen, die Telefonnummer, die wichtigsten Informationen und den Auftrag in das Formular. Denken Sie daran, dass es für eine weitere Person ist! Das bedeutet für Sie, dass die Stichpunkte eine logische Struktur abbilden sollten, damit eine andere Person sie versteht.

Versuchen Sie beim ersten Hören so viele Informationen wie möglich aufzunehmen und aufzuschreiben!

 Verwenden Sie dazu:

Audio 1.4 Telefonnotiz

Arbeitsblatt 1.4 Telefonnotiz

Um nochmals den Schwerpunkt Namen und Telefonnummer zu trainieren, verwenden Sie:

Transkription 1.4 Telefonnotiz

Um eine Idee zum Anspruchsniveau zu bekommen, können Sie abschließend vergleichen mit:

Lösungsvorschlag 1.4 Telefonnotiz

 Für weitere Übungen in dieser Art verwenden Sie auch gern meine andere Publikation:

Deutsch-Test für den Beruf Hören und Schreiben B2

ISBN-13: 978-3758327094

 **Arbeitsblatt 1.4 Telefonnotiz**

Hören und Schreiben

Telefonnotiz

01 Grund für den Anruf

a ⭕ Angebot

b ⭕ Bestellung/Buchung

c ⭕ Beschwerde

02 Namen
Frau/ Herr

03 Kontakt
Telefon

04 Weitere Informationen

05 Zu erledigen

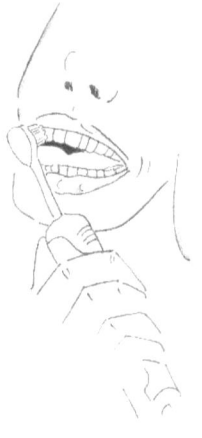

Transkription 1.4 Telefonnotiz

Trainieren Sie Ihr Hörverstehen mit Zahlen und Buchstaben. Hören Sie das Audio noch einmal. Notieren Sie Namen und Zahlen! Bitte achten Sie auf die Groß- und Kleinschreibung.

02 Namen Frau/Herr	
03 Kontakt Telefon	

Hören Sie ein zweites Mal und trainieren Sie nun noch einmal den Namen (Item 02) und die Telefonnummer (Item 03)!

Verbessern Sie Ihre Stichpunkte auch bei Item 04 und 05!

Transkription zu Höraufgabe 1.4:

Schönen guten Tag, hier ist die Praxis von Herrn Doktor Winkel, Frau Spiericke am Apparat. Sie hatten ja für Ihre Bewohnerin Frau Bauer einen Untersuchungstermin für ihre Zunge vereinbart. Der 15. Mai sollte so in Ordnung gehen. Aber Herr Doktor meinte, dass er Frau Bauer schon eine Weile nicht mehr gesehen habe. Er bittet deshalb, die Röntgenbilder von ihrem Krankenhausaufenthalt noch einmal mitzubringen. Auch bräuchten wir eine schriftliche Einverständniserklärung, die Patientin gegebenenfalls genauer untersuchen zu lassen. Vielleicht müssen wir sie ins Krankenhaus zum MRT überweisen. Es ist ja alles möglich.

Aber bitte geben Sie mir eine kurze Rückmeldung, ob wir den MRT-Termin schon mal vorreservieren sollen.

Unsere Telefonnummer haben Sie ja. Das ist die 0352 475 67 396. Mein Name ist Maja Spiericke. Ich buchstabiere: SPIERICKE.

Auf Wiederhören.

Lösungsvorschlag 1.4 Telefonnotiz

Vergleichen Sie Ihre Notizen mit dem Lösungsvorschlag. Item 01, 02 und 03 müssen genau identisch sein. Item 04 und 05 sind ungefähre Lösungsvorschläge.

Hören und Schreiben

Telefonnotiz

01 Grund für den Anruf
    a ● Angebot

    b ○ Bestellung/Buchung

    c ○ Beschwerde

02 Namen
Frau/Herr

    Spiericke

03 Kontakt
Telefon

    0352 475 67 396

04 Weitere Informationen

- Termin am 15. Mai für Frau Bauer in der Arztpraxis bestätigt

- Röntgenbilder aus dem Krankenhaus mitbringen

- schriftliche Einverständniserklärung zur genaueren Diagnose nötig

- gegebenenfalls MRT-Termin im Klinikum vereinbaren

05 Zu erledigen

- kurzer Rückruf, ob MRT-Termin für Frau Bauer vorreserviert werden soll

1.5 Diskussion Instrumente in der Mundhygiene

30 Min

Informationen austauschen und Meinungen artikulieren

Situation:

Sie haben die Telefonnachricht der Arztpraxis verschriftlicht und weitergeleitet. Nun ist es Zeit für eine kleine Pause. Sie sitzen nun gemeinsam mit Ihrem Kollegen Peter im Pausenraum, trinken vielleicht einen Kaffee oder Tee und sprechen mit Ihrem Kollegen über das Thema „Traditionelle oder elektrische Zahnbürste in der Pflege verwenden"?

 **Merke:**

Um in einer Diskussion niveaugerecht Meinungen und Vermutungen zu äußern, nutzen Sie unbedingt Redemittel! Suchen Sie sich die heraus, die Ihnen am besten gefallen. Trainieren Sie den Einsatz bei jeder Gelegenheit! Die Nutzung der Redemittel muss flüssig sein.

 ABER: Gehen Sie sparsam damit um. Sie brauchen ein Redemittel nur, um einen Gedanken einzuleiten.

 Trainieren Sie die Redemittel mit:

Arbeitsblatt 1.5 Diskussion Redemittel

> Lösung: c, d

Jetzt gehen Sie zum konkreten Thema in die Diskussion! Entwickeln Sie eine eigene Meinung dazu! Begründen Sie diese Meinung und geben Sie ein Beispiel dafür. Gehen Sie auf die Argumente Ihres Partners ein.

Verwenden Sie:

Arbeitsblatt 1.5 Diskussion Instrumente in der Mundhygiene

 Möglich ist dieser Schritt auch in der Sozialform Plenum! Dann entspricht er aber nicht mehr der mündlichen Prüfung. Es kann allerdings für die gesamte Gruppe sehr gewinnbringend sein.

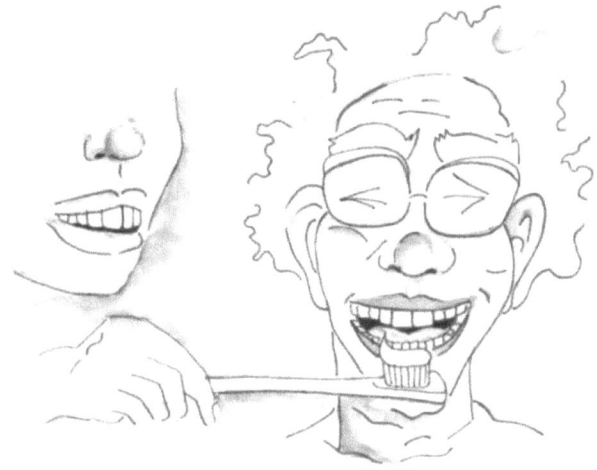

Arbeitsblatt 1.5 Diskussion Redemittel

Sie sollen in einer Diskussion zeigen, dass Sie Ihre Meinung zu einem Thema ausdrücken können. Dafür stehen Ihnen zahlreiche Redemittel zur Verfügung.

Redemittel: Meinungen äußern/ Vermutungen

Sie äußern Ihre Meinung	Sie stimmen einer Meinung zu
Meiner Meinung nach…	Es überzeugt mich, dass…
Ich finde…/ Ich denke…/	Dieser Meinung bin ich auch.
Mir ist aufgefallen, dass…	Das ist auch meine Meinung.
Es geht mir darum, dass…	Ich gebe zu, Sie haben Recht.

Sie widersprechen	Sie stimmen teilweise zu
Das sehe ich anders.	Ich stimme teilweise zu, dass…
Dem kann ich nicht zustimmen.	Es kann sein, dass…, aber …
Das halte ich für falsch.	Das überzeigt mich nicht ganz: …
Ich halte es für falsch, wenn/ dass ….	Es mag zutreffen, aber…

Sie äußern Vermutungen	
Ich glaube, dass…	
Ich vermute, dass…	
Es könnte sein, dass…	
… vermutlich…/ …wahrscheinlich…/ …vielleicht…	

Trainieren Sie die Redemittel!

In den folgenden Beispielsätzen sind nur zwei richtig.

○ a. Meine Meinung nach manche Pflegefachkräfte machen zu viel.

○ b. Nach meiner Meinung machen manche Pflegfachkräfte arbeiten zu viel.

○ c. Meiner Meinung nach arbeiten manche Pflegefachkräfte zu viel.

○ d. Mache Pflegefachkräfte arbeiten meiner Meinung nach zu viel.

○ e. Meine Meinung nach arbeiten manche Pflegefachkräfte zu viel.

○ f. Meiner Meinung nach machen zu viel arbeiten manche Pflegefachkräfte.

🗨 Arbeitsblatt 1.5 Diskussion

Situation   Für Hygienehandlungen einer Pflegefachkraft werden Kosmetikartikel und Instrumente verwendet. Der Markt bietet dazu einiges an. So sind neben den traditionellen Handzahnbürsten auch elektrische Zahnbürsten im Angebot. Deren Anwendung ist dabei umstritten. Dabei stellt sich die Frage, ob ihre Verwendung nur Marketing ist oder ob es einen echten Vorteil bringt, vor allem für die unterstützenden Pflegehandlungen einer Pflegefachkraft in der Morgen- und Abendhygiene. Wie sehen Sie das?

 Lesen Sie die folgende Frage und diskutieren Sie mit Ihrer Partnerin bzw. Ihrem Partner darüber.

Begründen Sie Ihre Meinung und nennen Sie Beispiele. Die drei Aussagen können Ihnen dabei helfen.

Welche Zahnbürste bringt die beste Zahnreinigung und erleichtert die Pflegearbeit?

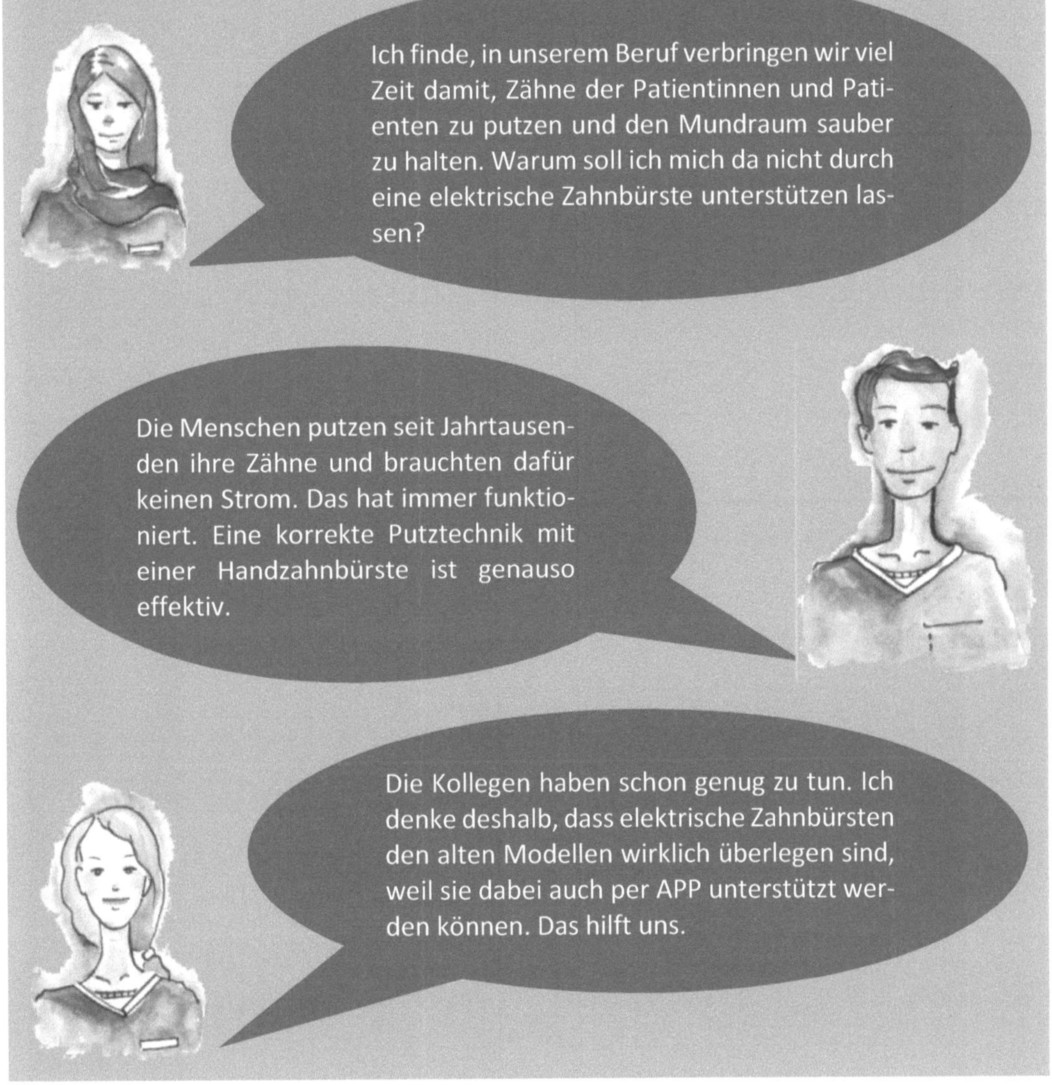

Ich finde, in unserem Beruf verbringen wir viel Zeit damit, Zähne der Patientinnen und Patienten zu putzen und den Mundraum sauber zu halten. Warum soll ich mich da nicht durch eine elektrische Zahnbürste unterstützen lassen?

Die Menschen putzen seit Jahrtausenden ihre Zähne und brauchten dafür keinen Strom. Das hat immer funktioniert. Eine korrekte Putztechnik mit einer Handzahnbürste ist genauso effektiv.

Die Kollegen haben schon genug zu tun. Ich denke deshalb, dass elektrische Zahnbürsten den alten Modellen wirklich überlegen sind, weil sie dabei auch per APP unterstützt werden können. Das hilft uns.

 Verfassen Sie eine kurze Stellungnahme mit den Vor- und Nachteilen einer elektrischen Zahnbürste!

2. Umgang mit Konflikten

Inhalt des zweiten Szenarios: Umgang mit Konflikten

Diskussion im Team zum Umgang mit Dissens
Material:
20 Min

Arbeitsblatt 1.5 Diskussion Redemittel

Arbeitsblatt 2.1 Disskussion

Pflegerisches Handeln anhand von Theorien
Material:
30 Min

Arbeitsblatt 2.2 ADELs Bereiche

Rollenspiel Umgang mit Dissenz und Konflikten
Material:
20 Min

Arbeitsblatt 2.3 Redemittel Umgang mit Dissens

Arbeitsblatt 2.3 Rollenspiel Umgang mit Dissens

Reflexion
Material:
35 Min

Arbeitsblatt 2.4 Selbstreflexion

Anlass:

Pflegerisches Handeln orientiert sich in der Praxis an ethisch-moralischen Grundwerten.

In der letzten Woche gab es auf Station 4 einen Vorfall. Während der Besuchszeit war Frau Bauers Tochter da. Sie hatten sich seit zwei Wochen nicht mehr gesehen. Während dieser Zeit bekam die Zimmernachbarin Frau Strumpf plötzlich Herzbeschwerden. Frau Bauer klingelte nach der Schwester. Pflegerin Kathrin betrat das Zimmer und rief sofort nach dem Arzt. Frau Bauers Verwandte forderte sie auf, den Raum zu verlassen. Das wollte diese aber nicht, da sie ihre Mutter schon so lange nicht mehr gesehen hatte. Es entstand eine heftige Diskussion zwischen der Tochter, der Patientin Frau Bauer und der Pflegefachkraft.

 ## 2.1 Diskussion im Team zum Umgang mit Dissens

20 Min

Teamgespräche führen

an einer Diskussion teilnehmen

Meinungen äußern und begründen

Situation:

Wegen des Vorfalls zwischen der Pflegefachkraft Kathrin, den Patientinnen Frau Bauer und Frau Strumpf sowie der Familienangehörigen Frau Klusen gibt es nun eine Teamsitzung, in der über das professionelle Verhalten einer Pflegefachkraft in solchen Situationen gesprochen werden soll.

 Diskutieren Sie den Umgang mit Konflikten im pflegerischen Alltag. Nehmen Sie dabei Bezug auf den Vorfall mit Frau Bauer und ihrer Angehörigen.

Bei Bedarf trainieren Sie erst noch einmal die Redemittel aus:

Arbeitsblatt 1.5 Diskussion Redemittel

Nutzen Sie für die verschiedenen Standpunkte in der Diskussion:
Arbeitsblatt 2.1 Diskussion

 Entwickeln Sie einen eigenen Standpunkt, den Sie auch begründen können. Berücksichtigen Sie dabei folgende Punkte:

> Pflege allgemein
>
> Pflegefachkräfte und ihr Verhalten
>
> Familienbesuche
>
> Alltag auf Station für Patienten
>
> Situation in Mehrbettzimmern

 Sammeln Sie die einzelnen Punkte gemeinsam und fixieren Sie sie anschließend an der Tafel, einer Stellwand oder einem anderen Medium!

Gibt es Themen, die Sie persönlich besonders gewichten? Warum?

Gibt es Themen, die Sie persönlich eher unwichtig finden? Warum?

Möglich ist dieser Schritt auch in der Sozialform „Plenum". Dann entsprich er zwar nicht mehr einem mündlichen Prüfungsformat, es kann aber für die gesamte Gruppe gewinnbringend sein.

Arbeitsblatt 2.1 Diskussion

Situation Zum pflegerischen Alltag einer Pflegefachkraft gehört der Umgang mit Patienten und deren Angehörigen. Dabei kommt es aufgrund verschiedener Interessenslagen manchmal auch zu leidenschaftlichen Äußerungen bis hin und zu Konflikten.

 Lesen Sie die folgende Frage und diskutieren Sie mit Ihrer Partnerin bzw. Ihrem Partner darüber.

Begründen Sie Ihre Meinung und nennen Sie Beispiele. Die drei Aussagen können Ihnen dabei helfen.

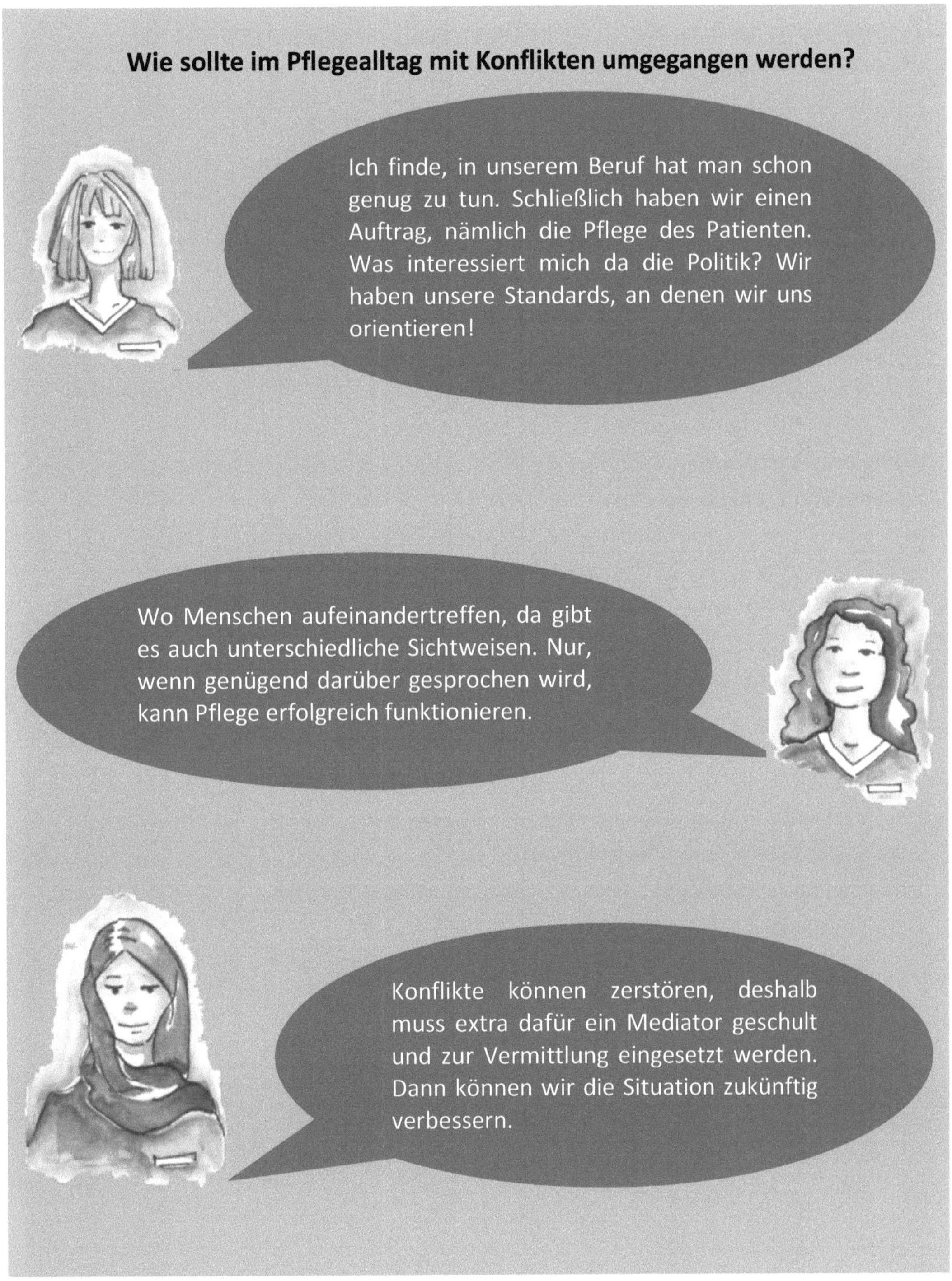

Wie sollte im Pflegealltag mit Konflikten umgegangen werden?

> Ich finde, in unserem Beruf hat man schon genug zu tun. Schließlich haben wir einen Auftrag, nämlich die Pflege des Patienten. Was interessiert mich da die Politik? Wir haben unsere Standards, an denen wir uns orientieren!

> Wo Menschen aufeinandertreffen, da gibt es auch unterschiedliche Sichtweisen. Nur, wenn genügend darüber gesprochen wird, kann Pflege erfolgreich funktionieren.

> Konflikte können zerstören, deshalb muss extra dafür ein Mediator geschult und zur Vermittlung eingesetzt werden. Dann können wir die Situation zukünftig verbessern.

2.2 Pflegerisches Handeln anhand von Theorien

30 Min

Konzepte im Arbeitsalltag verstehen und kommunizieren
Konflikte vermitteln und lösen

Situation:

Schwester Kathrin hatte das Bedürfnis, sich nach dem Konflikt mit der Patientin und deren Tochter im Team Unterstützung zu holen. Auch war es ihr wichtig, mit den KollegInnen darüber zu sprechen. Das hat das Team nochmals gestärkt und zu einer professionelleren Orientierung der Pflegefachkräfte geführt. Orientierung bieten Ihnen dabei Standards wie das AEDLs-Konzept nach Monika Krohwinkel.

AEDLs-Konzept nach Monika Krohwinkel

Pflege ist in Deutschland auf das humanistische Konzept AEDLs von Monika Krohwinkel ausgerichtet. Es bedeutet „**A**ktivitäten und **e**xistenzielle **E**rfahrungen **d**es **L**eben**s**".

Demnach ist Pflegearbeit an den Bedürfnissen des Pflegebedürftigen zu orientieren. Sie zielt auf die Erhaltung der Selbständigkeit und Unabhängigkeit eines Patienten ab. Das Konzept besteht aus 13 Bereichen.

Bitte bearbeiten Sie:
Arbeitsblatt 2.2 AEDLs Bereiche

> **Lösung**: 1E, 2F, 3H, 4K, 5L, 6M, 7D, 8B, 9C, 10 A, 11I, 12J, 13G

Besprechen Sie in Kleingruppen die Bedeutung der einzelnen Bereiche aus Ihrem Arbeitsalltag als angehende Pflegefachkraft!

Nehmen Sie dabei Bezug auf die Ausgangssituation dieses Szenarios.

Bringen Sie gegebenenfalls eigene Erfahrungen ein.

Arbeitsblatt 2.2 AEDLs Bereiche

AEDLs nach Monika Krohwinkel zielt vor allem auf die Selbstbestimmtheit und Unabhängigkeit der Pflegebedürftigen ab. In Konfliktsituationen muss die Pflegekraft zwischen den einzelnen Kriterien entscheiden und priorisieren.

 Bitte ordnen Sie die 13 AEDLs-Bereiche den Beschreibungen zu! Welche passen zur diskutierten Situation des Szenarios?

1. kommunizieren	A: Die Pflegekräfte nehmen jeden als Mann oder Frau in seinen Rollen wahr. Sie fördern die Identität und schützen die Intimsphäre.
2. sich bewegen	B: Erholungzeiten sollen in einem regelmäßigen Rhythmus stattfinden. Der Fokus liegt auf der Nachtruhe.
3. Vitalfunktionen	C: Eine regelmäßige Tagesplanung der Pflegepatienten und gemeinsame Aktivitäten mit anderen Menschen sind wichtig.
4. sich pflegen	D: Beim An- und Auskleiden unterstützend wirken, in der alltäglichen Kleidung eine gewisse Stilsicherheit beachten.
5. Essen und Trinken	E: Kommunikative Fähigkeiten sind unerlässlich. Der Betroffene muss sich mitteilen können, schriftlich oder mündlich.
6. Ausscheiden	F: Die Fähigkeit, sich zu bewegen, muss von der Pflegekraft zielführend gefördert werden.
7. sich kleiden	G: Der Betroffene muss mit Verlusten und deren Folgen umgehen. Er muss begleitet werden und Hilfe erhalten.
8. Ruhe und Schlafen	H: Überlebenswichtige Körperfunktionen müssen jederzeit gesichert sein.
9. sich beschäftigen	I: Der Patient darf sich seinen Lebensraum so einrichten, wie er es für richtig hält.
10. sich als Mann/ Frau fühlen	J: Kontakte mit Freunden und Familie müssen bestehen bleiben.
11. für sichere Umgebung sorgen	K: Richtige Körperhygiene ist vor allem im Alter oder bei Einschränkungen in der Lagerung von besonderer Bedeutung.
12. soziale Bereiche	L: Ernährung ist ausgewogen oder nach vorgeschriebener Diät mit ausreichendem Trinken.
13. mit existentiellen Erfahrungen umgehen	M: Die Förderung der Kontinenz ist von Bedeutung.

2.3 Rollenspiel Umgang mit Dissens und Konflikten

30 Min

konstruktiv Kritik üben und zur Lösungsfindung beitragen

Situation:

Zu dem Vorfall zwischen der Pflegefachkraft Kathrin, der Patientin Frau Bauer und ihrer Familienangehörigen Frau Klusen wurde ein Gesprächstermin vereinbart. Die Tochter der Patientin war besonders aktiv aufgetreten. Es ist zwei Tage nach dem Vorfall. Die Situation ist noch immer sehr angespannt zwischen den Akteuren.

Merke:

Gespräche und deren Verlauf sind immer situationsabhängig. Es gibt keine festen Kriterien, nach denen diese ablaufen. Es gibt jedoch Möglichkeiten, den Rahmen so zu gestalten, dass eine gute Gesprächsgrundlage geschaffen wird. Dazu gehören:

- gründliche Vorbereitung und klare Zieldefinition

- aktives Zuhören, Paraphrasieren und Spiegeln

- nonverbale Kommunikation, wie Körpersprache und Blickkontakt

Entwickeln Sie zur Gesprächsführung verschiedene Redemittel!
Nutzen Sie dafür:

Arbeitsblatt 2.3 Redemittel Umgang mit Dissens

Führen Sie ein Rollenspiel mit drei Personen (Pflegefachkraft Kathrin, Patientin Frau Bauer und die Tochter der Patientin, Frau Klusen)!

Sprechen Sie noch einmal über die Situation. Kommen Sie am Ende zu einer Lösung!

Nutzen Sie für das Rollenspiel die Rollenkarten:
Arbeitsblatt 2.3 Rollenspiel Umgang mit Dissens

Arbeitsblatt 2.3 Redemittel Umgang mit Dissens

Bitte entwickeln Sie zur Gesprächsführung verschiedene Redemittel!

Ziel ist es, anschließend einen Dialog zwischen den beiden Personen zu führen.

Begrüßung
-
-
-

Gesprächsregeln vereinbaren
-
-
-

Nachfragen stellen
-
-
-

Ziele vereinbaren
-
-
-

erreichte Ziele messen
-
-
-

-
-
-

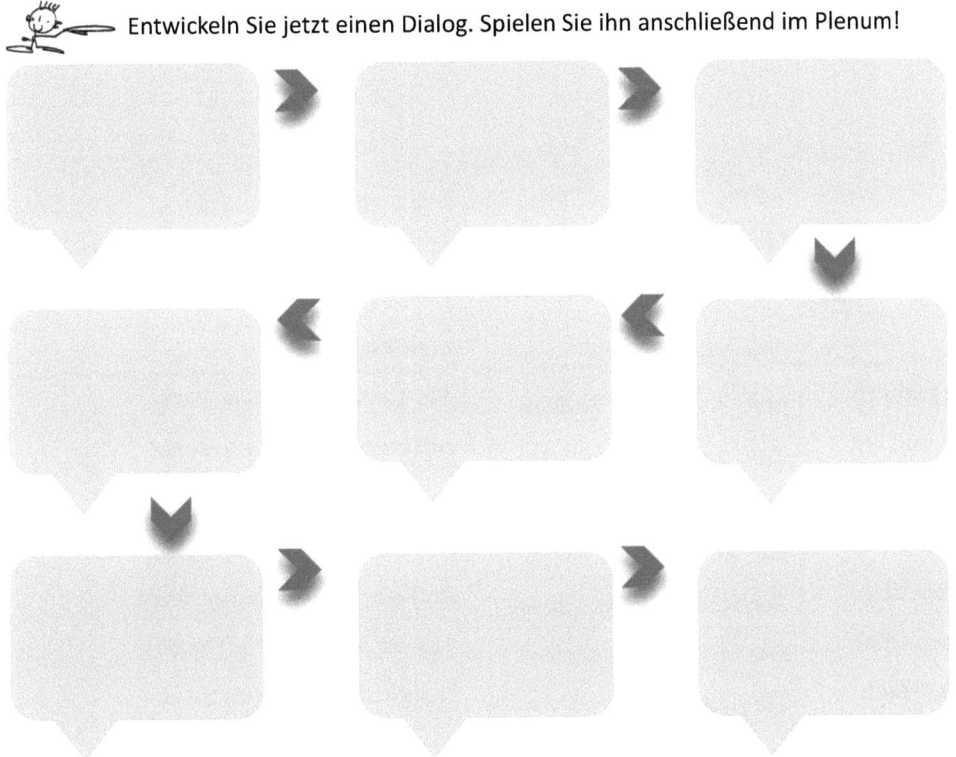

Entwickeln Sie jetzt einen Dialog. Spielen Sie ihn anschließend im Plenum!

Geben Sie Ihren Kollegen für den Dialog konstruktives Feedback! Nutzen Sie dafür die **Sandwich-Methode: positiv-negativ-positiv**

- Was war gut?
- Was kann man verbessern?
- Was war gut?

Arbeitsblatt 2.3 Rollenspiel Umgang mit Dissens

Entwickeln Sie einen Dialog zwischen der Pflegefachkraft, der Patientin und der Angehörigen!

Wechseln Sie bitte die Rollen durch, sodass jeder einmal Pflegefachkraft Kathrin war!

Kommunizieren Sie Ihre pflegerischen Grundsätze und erklären Sie Ihr Handeln, sodass am Ende alle Beteiligten zufrieden sind und Einsicht zeigen.

- Orientieren Sie sich an den 13 AEDLs-Bereichen!
- **Was** → ist in der Situation wichtig
- **Warum** → Sinn der Maßnahme erklären
- **Wie** → Umsetzung der Maßnahme
- Konsens in der Gruppe entwickeln

Pflegefachkraft:

Sie sind Pflegefachkraft Kathrin und haben vor zwei Tagen eine Notsituation mit Frau Strumpf erlebt und bewältigt. Dabei ist es zum Interessenskonflikt mit Frau Bauer (Bettnachbarin) und ihrer Tochter gekommen. Heute haben Sie noch einmal ein Gespräch mit ihnen. Nutzen Sie Ihre Ausarbeitungen aus den Schritten 1 und 2!

Frau Klusen

Jetzt hatten Sie endlich Zeit, sich um Ihre Mutter zu kümmern und sie mal wieder zu besuchen. Schließlich hatte diese eine wichtige Operation. Sie sind dafür extra von weiter her angereist. Sie wollten auf keinen Fall vor die Tür gesetzt werden.

Frau Bauer:

Sie sind Frau Bauer, Patientin der Station 4 und Sie hatten vor einigen Tagen eine Operation an der Zunge. Leider konnte Ihre Tochter Sie zuvor nicht besuchen. Nun kam es zu einem Konflikt mit Schwester Kathrin, weil sie sich um die Bettnachbarin kümmern musste. Sie hatte einen Notfall. Sie wollten aber nicht, dass Ihre Tochter schon wieder das Zimmer verlassen muss.

2.4 Selbstreflexion und professionelles Handeln

35 Min

Professionelles Verhalten in Kommunikationssituationen

Merke:

Im beruflichen Alltag müssen Sie sich als Pflegefachkraft immer wieder an beruflichen Werten und gesellschaftlichen Normen orientieren. Eigenes Handeln immer wieder neu zu reflektieren, ist sehr wichtig dabei. Besonders in Konfliktsituationen kann es schnell passieren, dass man an seine Grenzen stößt.

Professionalität ist gekennzeichnet durch eine Vielzahl kleinerer Parameter.

Dazu gehören:

- **eigenes Rollenverständnis des Berufes**
- **Ziele**
- **Werte**
- **eigene Resilienz**

Reflektieren Sie nun Ihr professionelles Handeln und Ihre Rolle als Pflegefachkraft in der bewältigten Stresssituation zwischen der Angehörigen und der Patientin. Nutzen Sie dafür:

Arbeitsblatt 2.4 Selbstreflexion

Notieren Sie sich wichtige Gedanken!

Führen Sie als Zweites im Kurs ein auswertendes Gespräch zum Rollenspiel (Feedbackgespräch)! Wählen Sie selbst je nach Wunsch eine geeignete Sozialform dafür. Möglich sind Zweier- oder Dreiergruppen. Auch im Plenum wäre es gewinnbringend.

Arbeitsblatt 2.4 Selbstreflexion

 Reflektieren Sie nun Ihr Handeln während des Gesprächs mit der Patientin und Ihrer Angehörigen.

Bitte nehmen Sie sich nun Zeit zu Ihrer Selbstreflexion, um über Ihr Verhalten und die Reaktion Ihres Gegenübers nachzudenken. Die Fragen sollen Ihnen helfen, eine andere Perspektive einzunehmen und aus verschiedenen Blickwinkeln auf Ihr Thema zu sehen.

Unterstützende Fragen für Ihre Selbstreflexion

- Welche **Ziele** hatte ich?

- Welche **Erwartungen** hatte ich?

- Wie kam mein **Tun nach außen** an?

- Warum habe ich mich so **gefühlt**?

- Wovor hatte ich **Angst**?

- Stimmte das **Nähe-Distanz-Verhältnis** mit meinen Gesprächspartnern für mich?

- Was kann ich **ändern**? Was muss ich **aushalten**?

Führen Sie nun im Kurs ein auswertendes Gespräch zum Rollenspiel (**Feedbackgespräch**)!

- Wie habe ich die Situation wahrgenommen? Deckt sich das mit der Wahrnehmung der anderen?
- Was fanden Sie gut?
- Was könnte Ihr Kollege/ Ihre Kollegin beim nächsten Mal besser machen?
- Was sollte beim nächsten Mal beibehalten werden?

3. Überleitungen und Übergaben

Inhalt des dritten Szenarios: Überleitungen gestalten

Vorbereitungen auf eine Überleitung ins Krankenhaus
Material:
    Arbeitsblatt 3.1 Vorbereitung
    Lösung Arbeitsblatt 3.1 Vorbereitung

⏰ 20 Min

Pflegeüberleitungsbogen schreiben
Material:
    🔊 Audio 3.2 Überleitung
    Arbeitsblatt 3.2 Überleitungsbogen
    Lösung Arbeitsblatt 3.2 Überleitungsbogen

⏰ 20 Min

E-Mail an Pflegedienstleitung
Material:
    Arbeitsblatt 3.3 Schreiben an Angehörige
    Lösung zu Arbeitsblatt 3.3 Schreiben an Angehörige

⏰ 25 Min

Vorbereitung auf ein Telefonat mit Angehörigen
Material:
    Arbeitsblatt 3.4 professionelle Kommunikation

⏰ 15 Min

Telefonat mit Angehörigen führen
Material:
    Arbeitsblatt 3.5 Rollenkarten

⏰ 15 Min

Anlass:

Bewohner einer Pflegeeinrichtung müssen manchmal zur Behandlung in eine medizinische Institution. Dies bedeutet für die Patienten oft emotionalen Stress. Die Pflegefachkräfte haben dabei die Aufgabe, sowohl Daten zu übermitteln als auch emotional den Patienten vorzubereiten. Das ist einmal Team-, aber auch Einzelarbeit. Dieser Anlass verdeutlicht, wie kommunikativ Pflegearbeit ist.

Frau Bauer muss zur Behandlung eines Knotens an ihrer Zunge in ein Klinikum übergeleitet werden.

3.1 Vorbereitung auf eine Überleitung ins Krankenhaus

20 Min

Überleitungen gestalten und begleiten

Situation:

Sie arbeiten im Altenheim "Am Blauen Wunder" als Pflegefachkraft. Ihre Bewohnerin Frau Maria Bauer, geb. am 08.12.1941, lebt seit zwei Jahren hier und muss wegen einer geplanten Operation an der Zunge für mindestens eine Woche ins Krankenhaus. Allerdings ist noch nichts dafür gepackt.

Merke:

In der Pflege ist eine Überleitung ein Prozess, der für die Patienten möglichst schonend gestaltet wird. Besonders, wenn die zu Pflegenden an Demenz erkrankt sind, fällt ihnen das schwer. Verhalten Sie sich ausgeglichen und aufmerksam, um Sicherheit zu vermitteln.

Bitte bilden Sie Dreiergruppen und überlegen Sie, was Frau Bauer ins Krankenhaus mitnehmen sollte! Erstellen Sie in jeder Gruppe eine Liste! Orientieren Sie sich dabei an folgenden Punkten:

> **Unterlagen für die Aufnahme**
>
> **Unterlagen für den Arzt**
>
> **Kleidung**
>
> **Wasch- und Toilettenartikel**
>
> **persönliche Dinge**
>
> **Hilfsmittel**

Verwenden Sie zur Hilfe:
Arbeitsblatt 3.1 Vorbereitung

Tragen Sie die Ideen anschließend im Plenum zusammen! Verwenden Sie bei Bedarf die Auflösung dazu:
Lösung Arbeitsblatt 3.1 Vorbereitung

Arbeitsblatt 3.1 Vorbereitung

Ihre Patientin Frau Bauer muss ins Krankenhaus.
Bitte tragen Sie zusammen, was sie dafür mitnehmen sollte!

Unterlagen für den Arzt

Unterlagen für die Aufnahme

Kleidung

Wasch-und Toilettenartikel

persönliche Dinge

Hilfsmittel

Besprechen Sie anschließend die Ergebnisse im Plenum! Begründen Sie Ihre Überlegungen!

Lösung Arbeitsblatt 3.1 Vorbereitung

Wenn man ins Krankenhaus muss, sind sowohl persönliche Sachen als auch Dokumente vonnöten. Schauen Sie bitte hier in den Lösungsvorschlag. Je nach gesundheitlicher Situation können die Dinge natürlich variieren. Hier wurde die individuelle Situation von Frau Bauer berücksichtigt.

Unterlagen für den Arzt
Einnahmeplan für die Medikamente, Impfausweis, Röntgenpass
Unterlagen des Hausarztes (Vorbefunde)
Pflegeüberleitungsbogen
Herzschrittmacher-Ausweis, Marcumar-Pass, Allergie-Pass

Unterlagen für die Aufnahme
Personalausweis, Versichertenkarte/ Chipkarte,
Zuzahlungsbefreiung,
Einweisungsschein des Hausarztes

Kleidung
Morgenmantel, bequeme Hauskleidung, Schlafanzug
Strümpfe, Unterwäsche mehrfach, Hausschuhe
feste Schuhe, Schuhlöffel
Kleidung für die Entlassung

Wasch- und Toilettenartikel
Handtücher, Waschlappen, Handspiegel, Nagelschere
Nagelfeile, Seife, Duschgel, Kamm, Haarbürste, Prothesenbecher
Reinigungsmittel, Zahnbürste, Zahncreme, Zahnputzbecher,
Mundwasser, Zahnprothese

persönliche Dinge
Buch, Lupe, kleine Menge Geld, Adressliste
Briefmarken, Schreibsachen
Postkarten, Briefumschläge, Briefmarken

Hilfsmittel
Brille
Stützstrümpfe
Hörgeräte
Gehstock

3.2 Pflegeüberleitungsbogen schreiben

20 Min

Informationen aufnehmen und angemessen wiedergeben

Situation:

Ihre Patientin Frau Maria Bauer muss ins Krankenhaus. Um den Übergang professionell zu gestalten, braucht sie einen Pflegeüberleitungsbogen, in dem alle wichtigen Daten und Informationen zu ihrer Person stehen.

Ihre Kollegin Claudia hat alle Informationen zum Ausfüllen des Bogens für Sie in einem Audio aufgenommen.

Merke:

Der Pflegeüberleitungsbogen dient der Kommunikation zwischen zwei Einrichtungen. Er beinhaltet Informationen zum Zustand der Person im Moment der Überleitung von einer Pflege- oder Versorgungseinrichtung in die andere Institution.

Hören Sie das Audio Ihrer Kollegin und füllen Sie bitte den Pflegeüberleitungsbogen mit den Informationen von Frau Bauer aus.

Nutzen Sie dazu:

 Audio 3.2 Überleitung

Füllen Sie den Pflegeüberleitungsbogen aus. Nutzen Sie dafür:

Arbeitsblatt 3.2 Überleitungsbogen

Bei Bedarf hören Sie wiederholt!

Nach Beendigung der Aufgabe vergleichen Sie gern mit:

Lösung Arbeitsblatt 3.2 Überleitungsbogen

Arbeitsblatt 3.2 Überleitungsbogen

Hören Sie das Audio Ihrer Kollegin und füllen Sie bitte den Pflegeüberleitungsbogen mit den Informationen von Frau Bauer aus.

Pflegeüberleitungsbogen
Bewohnername:
geboren am:

PFLEGEHEIM AM BLAUEN WUNDER

Personendaten	**Infektionen**
Name, Vorname	MRSA ⭕ Clostriden ⭕
Geburtsdatum	
Familienstand	**Diagnosen**
Staatsangehörigkeit	
Konfession	**Allergien**
Pflegegrad	
Blutgruppe	**kommunizieren und orientieren**
Resusfaktor	
Pflege seit:	**sich bewegen können**
Versicherungsnr.	
Betreuer	**vitale Funktionen aufrecht erhalten**
Ärzte	**sich pflegen können**
Bezugspflege	
Vitalwerte	**essen und trinken können**
BMI-Messung	
Flüssigkeitsbedarf	
Kalorienbedarf	
Blutdruckkontrolle	
Blutzuckerkontrolle	
Körpergewicht	
Atemfrequenz	

Lösung Arbeitsblatt 3.2 Überleitungsbogen

 Vergleichen Sie Ihr Arbeitsblatt gern mit den Lösungen auf diesem Blatt. Freie Formulierungen können abweichen.

Bei Bedarf wiederholen Sie den Vorgang des Hörens!

Pflegeüberleitungsbogen
Bewohnername: Maria Bauer
geboren am: 08.12.1941

PFLEGEHEIM AM BLAUEN WUNDER

Personendaten

Name, Vorname	Bauer, Maria
Geburtsdatum	08.12.1941
Familienstand	verwitwet
Staatsangehörigkeit	Deutsch
Konfession	
Pflegegrad	2
Blutgruppe	0
Resusfaktor	negativ

Pflege seit:
03.08.2022

Versicherungsnr.
8 74 63 264

Betreuer
Tochter: Frau Klusen
Tel.: 0175 86 473 659

Ärzte
Arzt für Allgemeinmedizin
Dr. med. Winkel
01156 Dresden
Purzstrasse 13 Tel: 03 51 74 36 72

Bezugspflege

Vitalwerte

BMI-Messung	22,3
Flüssigkeitsbedarf	1900ml/Tag
Kalorienbedarf	1750 kcal/Tag
Blutdruckkontrolle	115/70 mmHG
Blutzuckerkontrolle	102 mg/dl
Körpergewicht	65 kg
Atemfrequenz	22 Atemzüge /min

Infektionen
MRSA ○   Clostriden ○

Diagnosen
Arthrose im rechten Knie
Schlaganfallpatientin

Allergien
leichte Laktoseintoleranz

kommunizieren und orientieren
Sehvermögen eingeschränkt
Probleme bei zeitlicher u. räumlicher Orientierung

sich bewegen können
Hilfestellung bei längeren Wegen erforderlich

vitale Funktionen aufrecht erhalten
Vitalzeichen im Normbereich
niedriger Blutdruck

sich pflegen können
benötigt Hilfe beim Waschen, Duschen, Zähne putzen, An- und Auskleiden

essen und trinken können
Vollkost, außer Milchprodukte

3.3 Schreiben an Angehörige

25 Min

schriftliche Informationen an Angehörige und Verwandte weiterleiten

Situation:

Sie haben versucht, Frau Bauers Tochter, Frau Klusen, anzurufen. Aber leider ist sie nicht ans Telefon gegangen. Als Angehörige muss sie natürlich über die Maßnahme und den geplanten Aufenthalt ihrer Mutter informiert werden.

Merke:

Wenn es eine gravierende Veränderung im Status der Patienten gibt, sind die Angehörigen zu informieren. Dazu gehört auch eine geplante Überleitung von einer Pflege- oder Versorgungseinrichtung in die andere Institution. Die Kommunikationswege sind in diesem Fall nicht vorgeschrieben. Es ist sicherzustellen, dass die Informationen von den Angehörigen zur Kenntnis genommen werden. Schriftliche Kommunikation hat den Vorteil, dass die Kontaktaufnahme und die Inhalte nachgewiesen werden können. Im Mündlichen gehen wichtige Informationen und Daten schneller verloren.

 Schreiben Sie Frau Klusen, der Angehörigen von Frau Bauer, eine E-Mail!

Nutzen Sie die Vorlage:

Arbeitsblatt 3.3 Schreiben an Angehörige

 Schreiben Sie Frau Bauers Angehöriger Frau Klusen, eine kurze Mail, um sie über die Situation zu informieren und mitzuteilen, wie es nun mit ihrer Mutter weitergeht.

Bearbeiten Sie dabei folgende Punkte:

> **Grund des Schreibens**
>
> **Perspektive, was nun geschieht**
>
> **Kontaktangebot**

 Achten Sie bitte auf den üblichen Aufbau einer halbformellen E-Mail!

Vergleichen Sie nach dem Schreiben mit:

Lösung Arbeitsblatt 3.3 Schreiben an Angehörige

Arbeitsblatt 3.3 Schreiben an Angehörige

 Schreiben Sie Frau Klusen eine kurze Mail, um sie über die Situation ihrer Mutter zu informieren. Teilen Sie ihr mit, wie es nun insgesamt weitergeht.

Achten Sie bitte auf den üblichen Aufbau einer halbformellen E-Mail!

Wichtig sind:

1. der halbformelle Aufbau
2. jeder Aufgabenpunkt
3. Verbindungswörter für einen guten Lesefluss

Bearbeiten Sie dabei folgende Punkte:

Grund des Schreibens

Perspektive, was nun geschieht

Kontaktangebot

Von:
An: klusen@xyz.de
Betreff: Überleitung von Frau Bauer ins Krankenhaus

Lösung Arbeitsblatt 3.3 Schreiben an Angehörige

Hier finden Sie eine Idee, wie eine mögliche E-Mail an die Tochter der Patientin aussehen könnte.

Beachte: Es ist nur eine mögliche Antwort.

Wichtig sind:

1. der halbformelle Aufbau
2. jeder Aufgabenpunkt
3. Verbindungswörter für einen guten Lesefluss

Grund des Schreibens

Perspektive, was nun geschieht

Kontaktangebot

Von:
An: klusen@xyz.de
Betreff: Überleitung von Frau Bauer ins Krankenhaus

Sehr geehrte Frau Klusen,

leider konnte ich Sie heute telefonisch nicht erreichen, deshalb schreibe ich Ihnen kurz diese Mail.

Ich kann Ihnen mitteilen, dass wir Ihre Mutter heute Vormittag ins Krankenhaus begleitet haben. Dort befindet sie sich auf Station X.

Sie wird dort wegen Auffälligkeiten an der Zunge behandelt. Bei Fragen zum Behandlungsverlauf richten Sie sich bitte gern direkt ans Krankenhaus. Die Telefonnummer dort ist die 0123 456 789.

Wir hoffen, dass Ihre Mutter bald alles überstanden hat und dann wieder bei uns sein wird.

Wenn ich bis dahin noch etwas für Sie tun kann, zögern Sie nicht, mich zu kontaktieren.

Beste Grüße

Schwester Kathrin

 Bei Bedarf trainieren Sie Ihren Schreibstil, indem Sie weitere E-Mails schreiben!

3.4 Vorbereitung auf Telefonat mit Angehörigen

20 Min

mündliche Informationen an Angehörige und Verwandte weitergeben

Situation:

Frau Klusen hat Ihre E-Mail zur Überleitung ihrer Mutter bekommen. Nun hat sie noch einige Fragen. Deshalb wird sie Sie gleich anrufen.

Dieser Szenario-Schritt ist zweiteilig.

Bereiten Sie das Gespräch zwischen der Pflegefachkraft Kathrin und Frau Klusen vor, indem Sie sich über Aspekte professioneller Kommunikation Gedanken machen.

Bearbeiten Sie dazu:

Arbeitsblatt 3.4 professioneller Kommunikation

Lösung: 1F, 2C, 3E, 4B, 5D, 6A

Sprechen Sie anschließend in kleinen Gruppen über Erfahrungen zu diesem Thema!

Geben Sie sich auch gern Tipps dafür.

Wählen Sie selbst eine Sozialform für diesen Austausch:

- Gruppen zu zweit oder dritt
- Austausch im Plenum
- Beginn in einer Zweiergruppe und anschließende Berichterstattung im Plenum

Ziel: Erfahrungsaustausch und Reflexion der eigenen Kommunikation

Arbeitsblatt 3.4 professionelle Kommunikation

Professionelle Kommunikation ist die Voraussetzung für gute Pflegearbeit. Sie muss klar, angemessen und einfühlsam sein. Dies kann manchmal im hektischen Pflegealltag sehr herausfordernd sein.

 Bitte ordnen Sie die 6 Aspekte professioneller Kommunikation den Erklärungen zu. Die Abkürzung PFK steht für Pflegefachkraft.

Aspekte	Erklärungen
1. Einfühlungsvermögen zeigen	A: Falls nötig, verweist die PFK auf Beratungsangebote oder Selbsthilfegruppen. Sie zeigt Mitgefühl, bleibt aber trotzdem professionell.
2. respektvolle und klare Kommunikation	B: Falls Emotionen eskalieren, bleibt die PFK ruhig und sachlich. Sie respektiert die Grenzen der Angehörigen und setzt auch eigene.
3. Offenheit und Transparenz	C: Die PFK spricht in wertschätzender und verständlicher Art und Weise. Sie verwendet keine Fachsprache, um ein Höchstmaß an Verständigung zu ermöglichen. Fragen beantwortet sie geduldig.
4. Grenzen wahren	D: Die PFK erklärt Alternativen sowie ihre Vor- und Nachteile. Auch bezieht sie Angehörige–soweit möglich und gewünscht–in Entscheidungsprozesse ein.
5. in Entscheidungen einbinden	E: Die PFK informiert ehrlich über die aktuelle Situation, mögliche Entwicklungen und Entscheidungen der Betroffenen.
6. Unterstützung anbieten	F: Die PFK zeigt Verständnis für die Sorgen, Ängste und Emotionen des Gegenübers. Sie versucht, die Perspektive der Angehörigen nachzuvollziehen.

 Sprechen Sie in der Gruppe über Erfahrungen zu dieser Thematik!

3.5 Telefonat mit Angehörigen führen

mündliche Informationen an Angehörige und Verwandte weitergeben
Telefonat führen

Situation:

Frau Klusen, die Tochter von Ihrer Bewohnerin Frau Bauer, ruft Sie jetzt an, weil sie noch Fragen zur Situation ihrer Mutter hat. Sie sind vorbereitet, um ein solches Gespräch professionell zu führen.

 Bereiten Sie das Telefonat vor, arbeiten Sie dafür in zwei Gruppen!

Nutzen Sie:

Arbeitsblatt 3.5 Rollenkarten

 Führen Sie das Telefonat! Arbeiten Sie dafür zu zweit (Person aus Gruppe A und Person aus Gruppe B)! Nutzen Sie erneut:

Arbeitsblatt 3.5 Rollenkarten

Arbeitsblatt 3.5 Rollenkarten

 Entwickeln Sie einen Dialog zwischen der Pflegefachkraft und Frau Klusen!
Erklären Sie als Pflegefachkraft der Tochter genau, was Sie tun werden.

Vorschlag zur Struktur des Gesprächs
- Orientieren Sie sich an den W-Fragen!
- **Was** → Situation
- **Warum** → Sinn der Maßnahme
- **Wie** → Umsetzung der Maßnahme
- **Welche Mithilfe** → Erwartungen an Patientin und Angehörige

Gruppe A bereitet sich auf die Rolle der Pflegefachkraft Kathrin vor.

Überlegen Sie, was Sie der Angehörigen sagen wollen.

Welche Unterstützung kann die Tochter geben?

Überlegen Sie sich Formulierungen für Bitten um Unterstützungen!

Gruppe B bereitet sich auf die Rolle der Tochter, Frau Klusen vor. Sie sind 49 Jahre alt und sind in Vollzeit berufstätig.

Überlegen Sie, welche Fragen Sie zur Überleitung der Mutter haben. Welche Unterstützung können Sie geben? Welche Wünsche haben Sie an die Pflegefachkraft und welche Befürchtungen?

Formulieren Sie Wünsche und Bedenken!

 Gehen Sie nun ins Zweiergespräch. Eine Person aus Gruppe A und eine Person aus Gruppe B führen zusammen das Telefonat.

4. Übergaben gestalten

Inhalt des vierten Szenarios: Übergaben gestalten

Gespräch mit dem Arzt vorbereiten

Material:

Arbeitsblatt 4.1 Aufforderungen geben

Arbeitsblatt 4.1 Gespräch mit einem Arzt vorbereiten

20 Min

Gespräch mit dem Arzt führen

Material:

Arbeitsblatt 4.2 Gespräch mit dem Arzt führen

20 Min

Pflegedokumentation schreiben

Material:

Arbeitsblatt 4.3 Abkürzungen verwenden

Lösung Arbeitsblatt 4.3 Abkürzungen verwenden

Arbeitsblatt 4.3 Pflegedokumentation

30 Min

Übergabegespräch führen

Material:

Arbeitsblatt 4.4 Übergabegespräch führen

20 Min

Anlass:

Patientin Frau Bauer wurde im Krankenhaus aufgenommen. Sie soll an der Zunge operiert werden. Ihre Überleitung aus der Pflegeeinrichtung und ihre Aufnahme auf Station erfolgten heute am Vormittag. Vor ihrer Operation müssen von den Pflegefachkräften und den Ärzten verschiedene Gespräche geführt werden. Dies wird getan, um Informationen auszutauschen, Dokumente korrekt auszufüllen und Handlungsschritte einzuleiten.

 # 4.1: Gespräch mit dem Arzt vorbereiten

20 Min

Arbeitsaufträge verstehen und Verständnis signalisieren
Fragen stellen

Situation:

Frau Bauer muss zur Operation voruntersucht werden. Es sind verschiedene medizinische Maßnahmen nötig. Der Arzt gibt Ihnen dazu unterschiedliche Aufgaben, die Sie als Pflegefachkraft bearbeiten müssen.

Merke:

Pflegefachkräfte erhalten regelmäßig Anweisungen von Ärzten, die sie umsetzen müssen. Das sind Vorgaben, in denen ihnen mitgeteilt wird, wer, was, womit und wie macht. Diese vier W-Fragen sind bei Anweisungen zentral.

 Bitte wiederholen Sie zum Auftakt die Grammatik für Imperative und Konjunktiv 2! Nutzen Sie dafür das Arbeitsblatt:

Arbeitsblatt 4.1 Aufforderungen geben

 Bereiten Sie das Gespräch zwischen der Pflegefachkraft Linda und dem Arzt vor. Arbeiten Sie dafür in zwei Gruppen. Es sollen darin Themen zum aktuellen Zustand der Patientin, der apparativen Diagnostik und pflegerischen Maßnahmen enthalten sein.
Überlegen Sie sich, ob Sie duzen oder siezen wollen und warum!
Nutzen Sie bitte dafür das Arbeitsblatt:

Arbeitsblatt 4.1 Gespräch mit einem Arzt vorbereiten

Arbeitsblatt 4.1 Aufforderungen geben

Typisch für den Arbeitsalltag von Pflegefachkräften ist es, Anweisungen eines Arztes zu erhalten und diese umzusetzen. Das sind Vorgaben, in denen Ihnen mitgeteilt wird, wer, was, womit und wie macht. Typischerweise werden diese im Imperativ gegeben.

 Bitte bilden Sie den **Imperativ**! Achten Sie darauf, dass Sie in diesem Satz einige W-Fragen integrieren! Fügen Sie einen zweiten Satz hinzu, sodass sie zwei Sätze sagen.

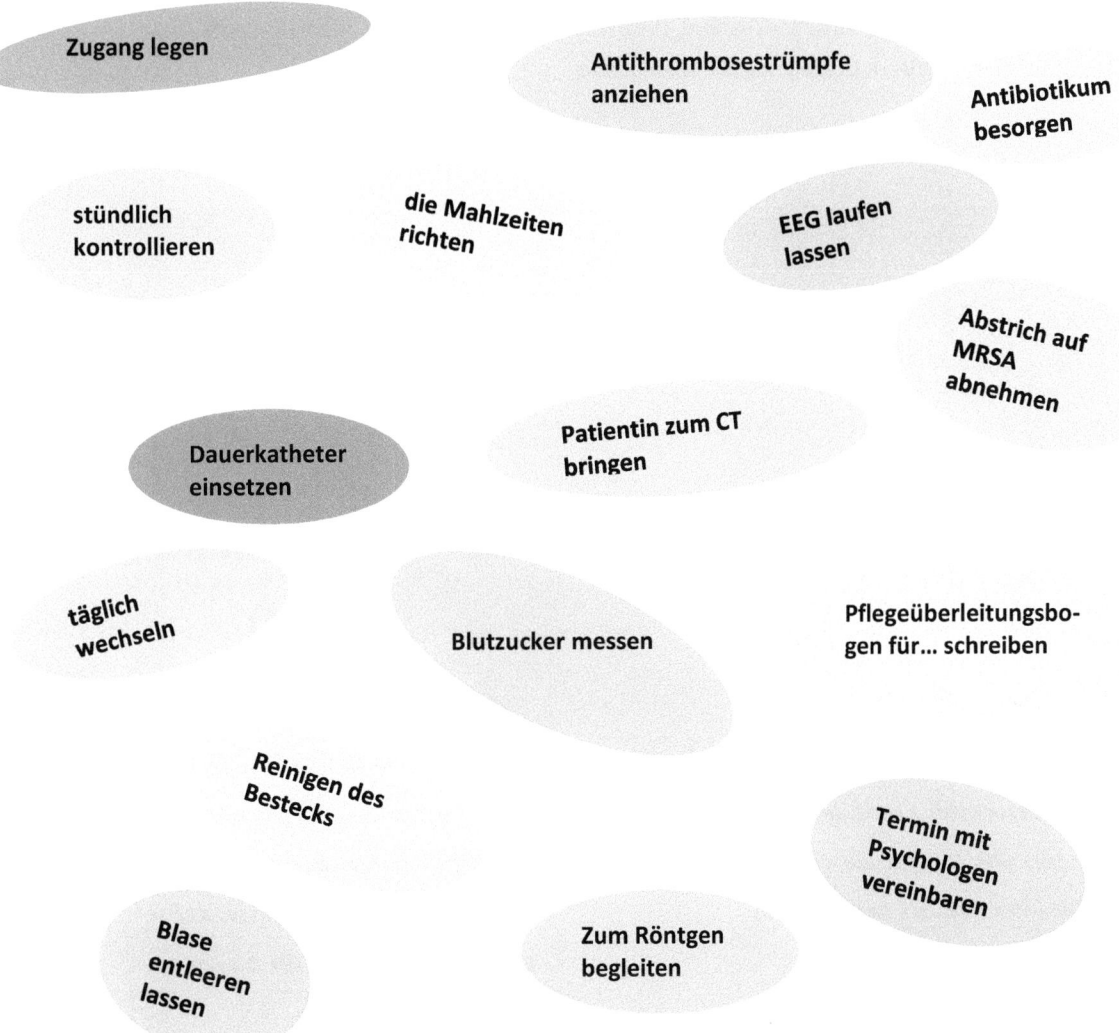

Beispiel: Schwester Linda, könnten Sie bitte die Angehörigen von Frau Bauer nach der Operation informieren und ihnen die Besuchszeiten mitteilen? Anschließend dokumentieren Sie doch bitte den Gesprächskontakt mit den Angehörigen!

 Finden Sie eigene Beispiele für Aufforderungen im Pflegealltag. Formulieren Sie diese freundlicher und weniger freundlich!

Arbeitsblatt 4.1 Gespräch mit einem Arzt vorbereiten

Es soll ein Pflegefachkraft-Arztgespräch vorbereitet werden. Dafür arbeiten Sie bitte in zwei Gruppen. Es sollen Themen zum aktuellen Zustand der Patientin, der apparativen Diagnostik und pflegerischen Maßnahmen besprochen werden.
Überlegen Sie sich bitte vorher, ob Sie duzen oder siezen wollen und warum!

Vorschlag zur Struktur des Gesprächs
- Orientieren Sie sich immer an den typischen **W-Fragen**!
- **Wer?** → Um welchen Patienten geht es?
- **Was**→ aktueller Zustand, Diagnostik, Maßnahme
- **Wie** → Umsetzung der Maßnahme

Gruppe A bereitet sich auf die Rolle der Pflegefachkraft Linda vor. Überlegen Sie, was Sie für die Vorbereitung auf Frau Bauers Operation tun müssen!

Welche Maßnahmen sind vor der OP notwendig?

Welche Unterstützung brauchen Sie?

Welche Fragen haben Sie an den Arzt?

Überlegen Sie sich Formulierungen!

Gruppe B bereitet sich auf die Rolle des Stationsarztes vor. Sie sind 45 Jahre alt, arbeiten in Vollzeit. Heute wurde Frau Bauer auf Ihrer Station aufgenommen. Sie muss an der Zunge operiert werden.

Überlegen Sie, welche Anweisungen, Aufgaben und Fragen Sie noch an die Pflegefachkraft haben.

Was soll die Pflegefachkraft tun?

Überlegen Sie sich Formulierungen!

 ## 4.2 Gespräch mit dem Arzt führen

20 Min

Arbeitsaufträge verstehen und Verständnis signalisieren

Fragen stellen

Situation:

Frau Bauer muss zur Operation voruntersucht werden. Es sind verschiedene medizinische Maßnahmen nötig. Der Arzt gibt Ihnen zur Vorbereitung darauf unterschiedliche Aufgaben, die Sie als Pflegefachkraft bearbeiten müssen.

Merke:

In medizinischen Institutionen gibt es klare Hierarchien. Diese zeigen sich durch das verwendete Register. Der Umgangston ist zwar halbformell, aber respektvoll und professionell.

Bitte führen Sie jetzt ein Pflegekraft-Arztgespräch! Es arbeiten immer eine Person aus Gruppe A (Pflegefachkraft) und eine Person aus Gruppe B (Arzt) zusammen. Verwenden Sie dafür Ihre Vorbereitungen aus 4.1.

Nutzen Sie nun:

Arbeitsblatt 4.2 Gespräch mit dem Arzt führen

Notieren Sie die Anweisungen als Notizen!

Werten Sie das Gespräch im Plenum aus!

Was lief gut?

Was möchten Sie verbessern?

Wobei brauchen Sie mehr Übung?

 Bitte führen Sie jetzt ein Pflegekraft-Arztgespräch. Verwenden Sie dafür Ihre Vorbereitungen aus 4.1. Es arbeitet immer eine Person aus Gruppe A und Gruppe B zusammen.

Vorschlag zur Struktur des Gesprächs
- Orientieren Sie sich an den W-Fragen!
- **Wer?** → Um welchen Patienten geht es?
- **Was** → aktueller Zustand, Diagnostik, Maßnahme
- **Wie** → Umsetzung der Maßnahme

Pflegefachkraft
Sie sind Pflegefachkraft Linda und arbeiten auf der Station, auf die Frau Bauer heute früh aufgenommen wurde. Bevor sie operiert wird, müssen verschiedene Dinge erledigt werden.
Sprechen Sie deshalb mit dem Stationsarzt!

Stationsarzt Dr. Geist
Sie arbeiten auf der Station, auf die Frau Bauer aufgenommen wurde. Bevor sie operiert wird, müssen verschiedene Dinge erledigt werden.
Sprechen Sie deshalb mit der diensthabenden Pflegefachkraft Linda.

 Notieren Sie sich die Anweisungen abschließend als Notizen auf einem Zettel!

4.3 Pflegedokumentation schreiben

30 Min

erledigte Aufgaben dokumentieren

Situation:

Sie als Pflegefachkraft Linda haben nach dem Gespräch mit Dr. Geist im Laufe der Schicht die Aufgaben und Anweisungen erledigt. Nun neigt sich ihre Schicht dem Ende entgegen. Sie müssen noch alle erfolgten Maßnahmen an und mit Frau Bauer dokumentieren.

Merke:

In einen Pflegebericht gehören alle Dinge, die für die Pflege des Patienten wichtig sind. Schreiben Sie nach dem Schema:

Vorfall-Handlung-Ergebnis

Folgendes wird dokumentiert:

- akute Vorkommnisse und aktuelle Ereignisse (Stürze, akute Schmerzen, psychische Auffälligkeiten)
- Abweichungen vom Pflegeplan
- Pflegeerfolge / Misserfolge
- Auffälligkeiten, z.B. Schmerz, Freude, Angst, Euphorie
- Wirkung der durchgeführten Pflege- und Betreuungsmaßnahmen
- Abweichungen von geplanten Maßnahmen

Dokumentationen sind im Pflegeberuf extrem wichtig. Für gleiche Wörter, die häufig verwendet werden, sind Abkürzungen üblich. Lernen Sie diese auswendig!

Nutzen Sie die Vorlage:

Arbeitsblatt 4.3 Abkürzungen verwenden

Zur Korrektur verwenden Sie:

Lösung 4.3 Abkürzungen verwenden

Schreiben Sie eine Pflegedokumentation für Frau Bauer. Nutzen Sie dazu gern:

Arbeitsblatt 4.3 Pflegedokumentation schreiben

Um alle Gesprächsinhalte abzubilden, verwenden Sie die Notizen von Ihrem Notizzettel:

Arbeitsblatt 4.2 Gespräch mit dem Arzt

Arbeitsblatt 4.3 Abkürzungen verwenden

Finden Sie die richtigen Bedeutungen!
Anschließend verwenden Sie die Abkürzungen in der Dokumentation!

1. das Schädel-Hirn-Trauma
2. internationale Einheit
3. perkutane endoskopische Gastrostomie
4. täglich
5. das Pflegepersonal
6. die chronische obstruktive Lungenerkrankung
7. Aktivitäten des täglichen Lebens
8. das Suppositorium
9. das Röntgen
10. die Differentialdiagnose
11. der Dauerkatheter
12. stündlich
13. die Blutgasanalyse
14. ohne Befund
15. der Allgemeinzustand
16. der Blutzucker
17. Frühsommer-Meningoenzephalitis
18. Computertomographie
19. Echokardiographie
20. Elektroenzephalogramm
21. Methicillin-resistenter Staphylococcus aureus
22. die periphere arterielle Verschlusskrankheit
23. bei Bedarf
24. die Lumbalpunktion
25. die Ampulle

stdl.

EEG

CT

pAVK

LP

tgl.

b.B.

DK

SHT

UKG

ATL

oB

FSME

COPD

Rö

PEG

PP

DD

IE

BZ

Amp.

AZ

MRSA

Supp.

BGA

Lösung Arbeitsblatt 4.3 Abkürzungen verwenden

 Folgende Abkürzungen werden verwendet:

1. das Schädel-Hirn-Trauma   SHT

2. internationale Einheit   IE

3. perkutane endoskopische Gastrostomie   PEG

4. täglich   tägl.

5. das Pflegepersonal   PP

6. die chronische obstruktive Lungenerkrankung   COPD

7. Aktivitäten des täglichen Lebens   ATL

8. das Suppositorium   Supp.

9. das Röntgen   Rö

10. die Differentialdiagnose   DD

11. der Dauerkatheter   DK

12. stündlich   stdl.

13. die Blutgasanalyse   BGA

14. ohne Befund   oB

15. der Allgemeinzustand   AZ

16. der Blutzucker   BZ

17. Frühsommer-Meningoenzephalitis   FSME

18. Computertomographie   CT

19. Echokardiographie   UKG

20. Elektroenzephalogramm   EEG

21. Methicillin-resistenter Staphylococcus aureus   MRSA

22. die periphere arterielle Verschlusskrankheit   pAVK

23. bei Bedarf   bB

24. die Lumbalpunktion   LP

25. die Ampulle   Amp.

Kennen Sie weitere Abkürzungen aus Ihrem Arbeitsbereich? Notieren Sie sie!

Arbeitsblatt 4.3 Pflegedokumentation schreiben

Sie führten mit Dr. Geist ein Gespräch. Nun neigt sich Ihre Schicht dem Feierabend. Bitte dokumentieren Sie den Prozess um Frau Bauer im Pflegebericht.

 Schreiben Sie nun zur Situation von Frau Bauer eine Pflegedokumentation!

Pflegebericht Name:		, geb.:	
Datum	Uhrzeit	Pflegebericht	Hz.

Berücksichtigen Sie:

schriftlich	persönliche Daten (Name, Alter, ...)
wertfrei und objektiv formuliert	Diagnose
zeitnah	aktueller Zustand
dokumentenechter Stift	Planung (Diagnostik, Pflegemaßnahme)
lückenlos	Was soll die Kollegin tun?

 # 4.4 Übergabegespräch führen

20 Min

erledigte Aufgaben kommunizieren, anstehende Planungen weitergeben
Informationen strukturieren

Situation:

Sie als Pflegefachkraft Linda haben nun gleich Dienstschluss. Sie müssen im Übergabegespräch ihre Notizen und Vorkommisse an Ihren Kollegen Mario weitergeben.

 Merke:

Kollegen geben zum Ende ihrer Schicht die wichtigsten Informationen an den nachfolgenden Kollegen weiter. Dies nennt man Übergabegespräch. Wenn die Kollegen den Patienten schon kennen, werden nur Veränderungen genannt. Neue Patienten werden kurz vorgestellt. Das Gespräch startet meist im Smalltalk. Im Hauptteil wird Fachsprache verwendet. Im Schluss wird wieder im Smalltalk gesprochen.

 Führen Sie zu zweit ein Übergabegespräch anhand der Pflegedokumentation. Nutzen Sie:

Arbeitsblatt 4.4 Übergabegespräch führen

Gegebenenfalls erinnern Sie sich an:

Arbeitsblatt 4.3 Pflegedokumentation schreiben

Arbeitsblatt 4.4 Übergabegespräch führen

Führen Sie zu zweit ein Übergabegespräch. Gehen Sie durch die drei Phasen

Einleitung-Hauptteil-Schluss!

Nutzen Sie die Notizen von:

Arbeitsblatt zu 1.2 Pflegedokumentation schreiben.

Beginnen Sie mit einem kleinen Smalltalk, gehen Sie dann in Fachsprache über.

Vorschlag zur Struktur des Gesprächs

Orientieren Sie sich an den W-Fragen!

- **Wer?**
- **Was?**
- **Wie?**

Pflegefachkraft

Sie sind Pflegefachkraft Linda. Ihre Schicht ist zu Ende. Heute früh wurde Frau Bauer auf Ihrer Station aufgenommen und es wurden einige Voruntersuchungen mit ihr durchgeführt. Berichten Sie dies Ihrem Kollegen im Übergabegespräch. Nutzen Sie Ihre Dokumentation dafür.

Pflegefachkraft

Sie sind Pflegefachkraft Mario. Ihre Nachtschicht startet nun mit dem Übergabegespräch zwischen Ihnen und Kollegin Linda. Stellen Sie Fragen zur Situation von Frau Bauer.

Machen Sie sich Gesprächsnotizen!

Schreiben Sie abschließend zusammenhängende Sätze zur Übergabe von Frau Bauer! Verwenden Sie kohärenzstiftende Mittel!

5. Stürze

Inhalt des fünften Szenarios: Stürze als Notfallsituation

Lesetext erarbeiten

Material:

Arbeitsblatt 5.1 Richtiges Verhalten beim Sturz

30 Min

Gespräch mit Rettungsleitstelle vorbereiten

Material:

🔊 Audio 5.2 Sturz

Transkription Audio 5.2 Sturzereignis

Arbeitsblatt 5.2. Gespräch mit der Leitstelle

20 Min

Telefonat mit der Leitstelle führen:

Material:

Arbeitsblatt 5.3 Telefonat mit der Leitstelle

15 Min

Sturzprotokoll schreiben

Material:

🔊 Audio 5.2 Sturz

Arbeitsblatt 5.4 Sturzprotokoll schreiben

Lösung 5.4 Sturzprotokoll schreiben

20 Min

Anlass:

Stürze gehören zum Arbeitsalltag einer jeden Fachkraft. Täglich kommt es deutschlandweit trotz zahlreicher Präventionsmaßnahmen dazu. Es handelt sich dabei um eine Notsituation, in der bedacht und angemessen gehandelt werden muss.

Als professionelle Fachkraft erkennen Sie sofort den Ernst der Lage.

 ## 5.1: Lesetext erarbeiten

schriftliche Fachinformationen aufnehmen

Situation:

Sie arbeiten als Pflegefachkraft Linda auf Station F im Klinikum West. Sie haben Nachtschicht und es ist heute ruhig auf Station. Deshalb haben Sie Zeit, sich etwas weiterzubilden. Gerade lesen Sie im Intranet der Klinik etwas über Stürze und angemessene Verhaltensweisen einer Pflegefachkraft.

Merke:

Stürze und deren Vermeidung gehören zum pflegerischen Alltag einer Fachkraft. Wenn ein Sturz erfolgt ist, entscheidet professionelles Handeln über das Ausmaß bleibender gesundheitlicher Schäden beim Patienten.

Lesen Sie den Text und beantworten Sie die Fragen!

Nutzen Sie die Vorlage:

Arbeitsblatt 5.1 Richtiges Verhalten beim Sturz

Welche Erfahrungen haben Sie bereits mit Stürzen gesammelt?

Wie haben Sie sich dabei verhalten und was würden Sie beim nächsten Mal anders machen?

Sprechen Sie zusammen darüber, entweder in Kleingruppen oder im Plenum!

 **Arbeitsblatt 5.1 Richtiges Verhalten beim Sturz**

 Lesen Sie den Text und beantworten anschließend die Fragen mündlich oder schriftlich!

Stürze im Pflegealltag und richtiges Verhalten einer Pflegefachkraft

Jeder Mensch hat das Risiko zu stürzen. Gesunde Menschen können dies jedoch kompensieren. Im Pflegealltag kommt es bei älteren Menschen aber leider immer wieder zu Stürzen. Man spricht dabei von einem Sturz, wenn der Betroffene ohne eigenen Wunsch auf dem Fußboden oder auf einer anderen tieferen Ebene aufkommt. Auch wenn die Person sitzend oder kniend zu Boden kommt, wird von einem Sturz gesprochen.

Handeln Sie schnell und richtig, um Sturzfolgen so gut wie möglich zu vermeiden! Denn durch verzögertes oder falsches Handeln können genauso viele Schäden angerichtet werden, wie durch den Sturz selbst. Dazu müssen Sie sich rasch ein umfassendes Bild von der Situation machen können. Sprechen Sie die gestürzte Person unbedingt an.

Versorgen Sie den Patienten zuerst angemessen! Vermitteln Sie dabei keine Panik, sondern sprechen Sie ruhig und in kürzeren Sätzen. Wichtig ist, dass der Patient spürt, dass er in professionellen Händen ist.

Rufen Sie dann den Notarzt, wenn Anzeichen für eine Fraktur vorliegen! Im Kontakt mit der Rettungsstelle sprechen sie klar und deutlich. Dabei sollten Sie sich an den W-Fragen orientieren. Wer? Wo? Wann? Welche Verletzungen können Sie ausmachen? So kann die Rettungsstelle schnell und angemessen reagieren und Hilfe schicken. Dies ist auch zu tun, wenn der Betroffene es nicht wünscht und ablehnt. Meist können Gestürzte ihre eigene Situation nicht angemessen einschätzen. Lieber verständigen Sie den Notarzt unangemessen, denn eine verzögerte Information des Arztes kann zu hohen Folgekosten für den Betroffenen führen. Nur, wenn Sie ausschließlich kleine äußere Verletzungen wahrnehmen, können Sie auf den Notarzt verzichten.

Beobachten Sie den Patienten in der Folgezeit, weil Sie jeden Sturz ernst nehmen! Manchmal berichten Betroffene über keine weiteren Schmerzen, trotzdem beobachten Sie ihn in den folgenden Stunden mehrmals.

Dokumentieren Sie jeden Sturz oder Beinahesturz genau und sorgfältig! Tun Sie dies auch bei Ereignissen, die Sie nicht selbst beobachten konnten! Es gibt in jeder Pflegeeinrichtung normierte Protokolle, die Sie zur Dokumentation nutzen.

1. Wie sollte man sich bei einem Sturz verhalten?
2. Was sollte man dem Notarzt mitteilen?
3. Welche Aufgaben haben Sie nach dem Sturz?

 ## 5.2: Telefonat mit der Rettungsstelle vorbereiten

20 Min

Informationen aufnehmen und Notizen dazu anfertigen

Situation:

Sie lesen gerade den Artikel „Stürze im Pflegealltag und richtiges Verhalten einer Pflegefachkraft", da sehen Sie einen Notruf aus Zimmer 7. Dort liegt Frau Schneider. Sie ist vor einigen Tagen aufgenommen worden, um eine verlässliche Diagnose über ihre Gedächtnisleistung zu erhalten.

Sie eilen umgehend ins Zimmer.

Merke:

Bei Verdacht auf eine Fraktur sollten Sie nach einem Sturz einen Arzt verständigen. Bei einem Anruf in der Leitstelle folgen die Fachleute dabei einem Fragebogen, der auf eine schnelle Einschätzung der Situation zielt. Dann entscheiden sie, was zu tun ist, ob ein Rettungswagen mit Notarzt oder Notärztin losgeschickt wird. Die Notrufnummer gilt europaweit und ist die 112.

Orientieren Sie sich an den W-Fragen!

- Wer?
- Wo?
- Wann?
- ...

 Hören Sie zum Einstieg:

🔊 **Audio 5.2 Sturz**

Transkription Audio 5.2 Sturzereignis

Fertigen Sie sich Notizen an!

 Bereiten Sie das Gespräch zwischen der Pflegefachkraft Linda und der Leitstelle vor! Arbeiten Sie zu zweit. Verwenden Sie:

Arbeitsblatt 5.2 Gespräch mit der Leitstelle

Transkription Audio 5.2 Sturzereignis

Patientin: Hallo, hallo, hallo hören Sie mich?

PFK Linda: Frau Schneider, ich bin da! Was ist denn hier passiert? Sie liegen ja auf dem kalten Boden. Warten Sie, ich mach mal Licht an. So.

Patientin: Ach, Schwester Linda, bitte helfen Sie mir doch!

PFK Linda: Natürlich. Können Sie aufstehen? Sie liegen ja ganz verdreht. Haben Sie Schmerzen?

Patientin: Ja, mein Arm tut ziemlich weh. Hier der Arm und auch die Hand.

Helfen Sie mir doch bitte dort auf den Stuhl rüber.

Ups, Laufen geht irgendwie nicht. Das ist mir ja noch nie passiert. Meine Güte! Liege ich hier mitten in der Nacht auf dem Fußboden und aufstehen geht nicht so richtig. Ich glaube, mein Bein hat hier oben auch was abbekommen.

PFK Linda: Lassen Sie mich mal gucken.

Oh ja. Der linke Oberschenkel ist hier schon ganz geschwollen. Vorsichtig!

Was ist denn mit dem Arm passiert? Wo schmerzt er denn genau?

Patientin: Ja, mein Arm. Hier am rechten Ellenbogen tut er ganz doll weh.

PFK Linda: Können Sie ihn denn noch ein bisschen bewegen?

Patientin: Nein, das tut zu doll weh!

Zum Glück sind Sie da, Schwester Linda. Ich hatte solche Angst.

PFK Linda: Was ist denn überhaupt passiert? Sind Sie aus dem Bett gefallen?

Patientin: Nein nein, nicht aus dem Bett. Ich wollte nur schnell auf die Toilette, wissen Sie. Das muss ich ja immer mehrmals in der Nacht. Da hier ja nichts im Wege steht, bin ich so schnell gegangen. Wahrscheinlich bin ich da drüben an die Bettkante gekommen und gestolpert. Mein Rollator steht gleich neben der Tür da drüben. Da bin ich nicht ran-gekommen.

PFK Linda: Warum haben Sie nicht gleich geklingelt?

Patientin: Ach, das wollte ich alleine schnell machen. Ich weiß, dass Sie auch immer so viel zu tun haben.

PFK Linda: Frau Schneider, Sie haben ja gar keine Hausschuhe an. Sind Sie auf Strümpfen gelau-fen? Das ist doch aber glatt hier, so ganz ohne Hausschuhe.

Patientin: Ja, es sollte schnell gehen.

Aber mein Oberschenkel schmerzt immer stärker, auch mein Ellenbogen. Den kann ich jetzt gar nicht mehr bewegen!

PFK Linda: Frau Schneider, es ist jetzt 2:30 Uhr. Obwohl alle schlafen und wir Nationalfeiertag haben, werde ich jetzt die Rettungsstelle anrufen. Ihre Hüfte scheint vielleicht gebro-chen zu sein und Ihr Ellenbogen macht mir auch ein bisschen Sorgen. Ich hole jetzt schnell Hilfe. Ein Arzt wird sich dann alles angucken. Alles wird gut!

Patientin: Ja, ist gut, Schwester. Danke! Schlafen kann ich sowieso nicht mehr.

Arbeitsblatt 5.2 Gespräch mit der Leitstelle

 Erarbeiten Sie typische Fragen, die die Leitstelle der Pflegefachkraft Linda stellen könnte!

Wer
Wo
Was
Welche
W….
W…

 Beschreiben Sie der Leitstelle **Hergang und Folgen des Sturzes** von Frau Schneider! Nutzen Sie dazu die Textbausteine!

Hergang und Folgen des Sturzes

Zeit des Sturzes

Am …. (Datum) um…. (Uhrzeit)

Es war … genau um …. Uhr während der ….schicht

Geschehen

Frau/Herr ist auf rutschigem/glattem… Boden ausgerutscht und hingefallen.

Er/Sie ist über …. gestolpert und …gefallen.

Folgen

Aktuell ist Frau…/Herr… ansprechbar/ nicht ansprechbar.

Es sieht aus, als ob…

Er/Sie liegt/sitzt/ hockt nun ….

Es gibt eine Wunde am…, die blutet.

5.3 Telefonat mit Leitstelle führen

⏱ **15 Min**

relevante Informationen strukturiert und verständlich wiedergeben

Situation:

Sie als Pflegefachkraft Linda rufen die Leitstelle an, um einen Notarzt für Frau Schneider zu rufen. Sie sind gut vorbereitet und können auf alle Fragen angemessen antworten.

Merke:

Ein Telefonat mit der Leitstelle des Rettungsdienstes muss sachlich, präzise und schnell geführt werden. Vermeiden Sie dabei persönliche Wertungen der Situation/ des Ereignisses!

Halten Sie sich ausschließlich an beobachtbare Beschreibungen!

Bleiben Sie ruhig und konzentriert.

Führen Sie ein Telefonat!

Verwenden Sie dafür Ihre Ausarbeitungen aus:

5.2 Telefonat mit der Leitstelle vorbereiten

Nutzen Sie:

Arbeitsblatt 5.3 Telefonat mit der Leitstelle

Tauschen Sie nun den Gesprächspartner mehrfach und wiederholen Sie das Gespräch! Achten Sie darauf, dass jeder in der Gruppe mindestens einmal Pflegefachkraft Linda war und Auskunft über den Sturz von Frau Schneider gab!

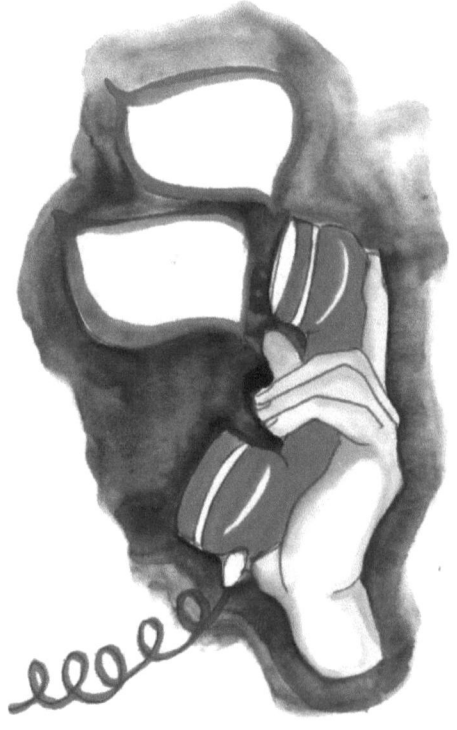

Arbeitsblatt 5.3 Telefonat mit der Leitstelle

 Führen Sie ein Gespräch mit der Leitstelle, um den Sturz zu melden und einen Arzt zu rufen. Sprechen Sie sachlich und vermeiden Sie eigene Interpretationen der Situation.

Vorschlag zur Struktur des Gesprächs
- Orientieren Sie sich an den W-Fragen!
- **Wer?** → Um welchen Patienten geht es?
- **Was**→ aktueller Zustand, Diagnostik, Maßnahme
- **Wie** → Hergang der Situation

Pflegefachkraft Linda

Sie sind Pflegefachkraft Linda und haben heute Nachschicht. auf Ihrer Station F. Patientin Frau Schneider hatte einen Sturz und Sie vermuten eine Fraktur im Oberschenkelhals. Nachdem Sie sie versorgt haben, rufen Sie nun in der Leitstelle an, um einen Arzt zu holen.

Schildern Sie das Ereignis und Ihre Beobachtungen so genau wie möglich. Antworten Sie präzise auf Nachfragen aus der Leitstelle.

Mitarbeiterin in der Leitstelle.

Sie sind langjährige Mitarbeiterin in der Leitstelle und werden von der Pflegefachkraft Linda angerufen.

Sie führen das Gespräch, indem Sie Fragen zur Situation und zum Ereignis stellen.

Sie sind sehr ruhig und stellen bei Bedarf Nachfragen.

Abschließend kündigen Sie einen Besuch des Notarztes an.

 Tauschen Sie nun den Gesprächspartner mehrfach und wiederholen Sie das Gespräch! Achten Sie darauf, dass jeder in der Gruppe mindestens einmal Pflegefachkraft Linda war und einen Notruf für die Patientin Frau Schneider abgegeben hat.

5.4: Sturzprotokoll schreiben

20 Min

erledigte Aufgaben dokumentieren

Situation:

Frau Schneider ist nach ihrem Sturz angemessen versorgt worden und vorerst in der Einrichtung verblieben. Sie als Pflegefachkraft Linda müssen das Geschehen nun im Sturzprotokoll dokumentieren.

Merke:

Ein Sturzprotokoll ist ein standardisiertes Dokument, das in Krankenhäusern und Pflegeeinrichtungen oder anderen Gesundheitseinrichtungen geschrieben wird.

Es dient der Information und zur Einleitung zukünftiger Maßnahmen.

Es enthält Informationen wie Datum, Ort, Zeit, Ereignis, Folgen, Maßnahmen.

Bearbeiten Sie das Sturzprotokoll!

Nutzen Sie dafür:

Arbeitsblatt 5.4 Sturzprotokoll schreiben

Hören Sie für die nötigen Informationen:

 Audio 5.2 Sturz

Wenn Sie die Aufgabe beendet haben, vergleichen Sie mit:

Lösung 5.4 Sturzprotokoll schreiben

Arbeitsblatt 5.4 Sturzprotokoll schreiben

Sturzprotokoll

Name, Vorname: Schneider, Helga

geboren am: 20. Mai 1945

Zeitpunkt des Sturzes

Datum, Uhrzeit:

Wo kam es zum Sturz?

Zimmer ◯   Flur ◯   Gemeinschaftsraum ◯   Bad ◯ WC ◯ Garten ◯

anderer Ort ◯   Wo?

Wer war noch anwesend?

Kann sich Patient/-in zum Vorgang äußern?

nein ◯   ja ◯

Was sagt Patient/-in?

Sind aus der Vorgeschichte bereits Stürze bekannt?

nein ◯   ja ◯   Wo?

im Haus / im Garten / im Krankenhaus / anderer Ort

Wie kam es zum Sturz?	ja	nein	Wie?
ausgerutscht?	◯	◯	
gestolpert?	◯	◯	
geschlittert?	◯	◯	
Hindernis vorhanden?	◯	◯	
aus dem Bett gefallen?	◯	◯	

körperliche Umgebung

Schuhe	fest	offen
Strümpfe	mit	ohne
Schnürsenkel	zu	offen
Kleidung	eng	locker
Brille	benutzt	nicht benutzt
Hörgerät	benutzt	nicht benutzt
Kleid	Rock	Hose

Verletzungen durch den Sturz

Schmerzen ◯
Hämatome ◯
offene Wunden ◯
Frakturen ◯

Stauchung ◯
Schwellung ◯

Lichtverhältnisse während des Sturzes

blendend   hell   schattig   dämmrig   dunkel

Benötigt Patient/-in Gehhilfe o. Hilfsmittel?

Gehstock ◯
Gehstützen ◯
Rollstuhl ◯
Sonstiges:

Maßnahmen

Vitalzeichenkontrolle ◯
Chirurgische Intervention ◯
Röntgen ◯
Ultraschall ◯

Behandelnder Arzt informiert?

ja ◯   nein ◯

Datum:

Unterschrift

Sturzprotokoll

PFLEGEHEIM AM BLAUEN WUNDER

Name, Vorname:	Schneider, Helga
geboren am:	20. Mai 1945

Zeitpunkt des Sturzes

Datum, Uhrzeit: 03. Oktober 202..., 02:30 Uhr

Wo kam es zum Sturz?

Zimmer **X**   Flur ○   Gemeinschaftsraum ○   Bad ○   WC ○   Garten ○

anderer Ort ○   Wo?

Wer war noch anwesend? niemand war anwesend, nur die Patientin selbst

Kann sich Patient/-in zum Vorgang äußern? ja

nein ○   ja **X**

Was sagt Patient/-in? auf dem Weg zur Toilette ausgerutscht

Sind aus der Vorgeschichte bereits Stürze bekannt?

nein **X**   ja ○   Wo?

im Haus / im Garten / im Krankenhaus / anderer Ort

Wie kam es zum Sturz?	ja	Nein	Wie?
ausgerutscht?	X	○	
gestolpert?	○	X	
geschlittert?	X	○	auf Strümpfen
Hindernis vorhanden?	○	X	
aus dem Bett gefallen?	○	X	

körperliche Umgebung

Schuhe	fest	offen
Strümpfe	mit **X**	ohne
Schnürsenkel	zu	offen
Kleidung	eng	locker
Brille	benutzt	nicht benutzt
Hörgerät	benutzt	nicht benutzt
Kleid	Rock	Hose

Verletzungen durch den Sturz

Schmerzen	**X**
Hämatome	○
offene Wunden	○
Frakturen	**X**
Oberschenkelhals l Ellenbogen r	
Stauchung	○
Schwellung	**X**
Oberschenkel l	

Lichtverhältnisse während des Sturzes

blendend	hell	schattig	dämmrig	dunkel
				X

Benötigt Patient/-in Gehhilfe o. Hilfsmittel?

Gehstock	○
Gehstützen	○
Rollstuhl	○
Sonstiges: Rollator	

Maßnahmen

Vitalzeichenkontrolle	**X**
Chirurgische Intervention	○
Röntgen	**X**
Ultraschall	○

Behandelnder Arzt informiert?

ja **X**   nein ○

Datum: 03.10.202...
Unterschrift PFK Linda J.

6. Dekubitus

Inhalt des sechsten Szenarios: Der Dekubitus

Lesetext erarbeiten
Material:
    Arbeitsblatt 6.1 Dekubitus: Risikofaktoren
    Arbeitsblatt 6.1 Dekubitus: Behandlung

⏰ 25 Min

Kollegengespräch über Fakten zu Dekubitus
Material:
    Arbeitsblatt 6.2 Dekubitus
    Lösung Arbeitsblatt 6.2 Dekubitus

⏰ 20 Min

Gruppenarbeit: gefährdete Körperteile
Material:
    Arbeitsblatt 6.3 Dekubitusstellen
    Lösung Arbeitsblatt 6.3 Dekubitusstellen

⏰ 15 Min

Dokumentation Dekubitus
Material:
🔊   Audio 6.4 Dekubitus
    Transkription Audio zu 6.4 Dekubitus
    Arbeitsblatt 6.4 Wunddokumentation
    Lösung Arbeitsblatt 6.4 Wunddokumentation

⏰ 20 Min

Übergabegespräch führen
Material:
    Arbeitsblatt 6.5 Übergabegespräch führen

⏰ 10 Min

Anlass:

Patienten liegen oder sitzen häufig länger, wobei es zu Druckstellen am Körper kommen kann, die aufgrund verminderter oder schlechter Durchblutung nur langsam abheilen. Grundsätzlich müssen diese durch pflegerische Maßnahmen vermieden werden. Trotzdem kann Dekubitus entstehen. Diese Stellen müssen behandelt werden, sobald sie auftreten.

Bei Patient Horst Schneider wurde eine Druckstelle entdeckt.

 # 6.1: Grundwissen generieren und kommunizieren

25 Min

Informationen verstehen und Fachwissen generieren

Situation:

Sie arbeiten als Pflegefachkraft Linda auf Station F und es gibt eine neue Pflegefachkraft-Schülerin. Sie heißt Sofia und sie berichtet Ihnen von seltsamen Wunden auf der Haut des Patientin Horst Schneider. Bevor Sie deshalb gemeinsam zum Patienten eilen, wollen Sie kurz mit ihr über Dekubitus sprechen und ihre eventuellen Fragen beantworten.

Merke:

Wenn Patienten längere Zeit im Bett liegen oder im Rollstuhl sitzen, werden die Haut und das Gewebe schnell durch den Körperdruck auf die Auflage geschädigt. Wichtig ist die frühzeitige Erkennung, die Dokumentation und die Therapie. Alles erfolgt Hand in Hand mit dem Arzt.

 Teilen Sie die Gruppe in zwei Teile!

Personen der Gruppe 1: Lesen Sie den Text:

Arbeitsblatt 6.1 Dekubitus: Risikofaktoren

Person der Gruppe 2: Lesen Sie den Text:

Arbeitsblatt 6.1 Dekubitus Behandlung

 Erarbeiten Sie Ihren Text und markieren Sie sich wichtige Informationen!

Schreiben Sie sich Stichpunkte dazu heraus!

Arbeitsblatt 6.1 Dekubitus Risikofaktoren

Dekubitus ist eine Druckstelle, die durch länger anhaltenden Druck auf das Hautgewebe entsteht. Sie bildet sich schnell bei Personen, die viel liegen oder sitzen. Dies kann sich zu einer erheblichen Gesundheitsgefährdung entwickeln, wenn die Pflegefachkräfte dies nicht erkennen und nicht professionell handeln.

Symptome sind schnell erkennbar. Der/Die Betroffene berichtet über Schmerzen an der Stelle. Die Haut ist dort entweder rot oder violett. Auch fühlt sie sich dünner und weicher als an anderen Hautstellen an. Sie kann einreißen und eine offene, großflächige Wunde bilden.

Risikofaktoren sind bekannt, die in innere und äußere Faktoren eingeteilt werden können. Sie wirken gleichzeitig auf die betroffene Person ein.

Innere Faktoren hängen mit dem Individuum selbst zusammen. Dazu gehören:

-   körperlicher und seelischer Zustand (Depression oder Demenz, hohes Alter)

-   Bewegungsmangel (Bettlägerigkeit, Fixierung, Lähmung, Koma)

-   Sensibilitätsstörungen (Alkoholismus, Schlaganfall, Tumore)

-   feuchte Haut (Schwitzen, Inkontinenz)

-   Ernährungszustand (Adipositas, Kachexie, Exsikkose)

Äußere Faktoren hängen mit der Umwelt zusammen. Dazu gehören:

-   Positionierung des Patienten (Liegen, Sitzen)

-   Scherkräfte durch Hebe- und Positionierungstechniken

-   Reibung durch Katheter, Sonden, Verbände und Fixierungen

-   harte Auflageflächen

Die Ermittlung des Dekubitusrisikos kann mit der Braden-Skala erfolgen. Je höher die Punktzahl eines Patienten dabei ausfällt, desto geringer ist sein Risiko für Dekubitus. Bewertet werden die inneren und äußeren Faktoren.

Arbeitsblatt 6.1 Dekubitus und Behandlung

Dekubitus entsteht durch anhaltenden Druck auf Haut und Gewebe. Das führt zu Durchblutungsstörungen, deshalb treten die typischen Schmerzen und Wunden an diesen Stellen auf.

Die **Anamnese** steht am Anfang der Behandlung.

Die **Wunde selbst** wird sehr genau beschrieben und dokumentiert. Zur Beurteilung dienen viele Kriterien, u.a. Lokalisation, Größe und Stadium.

Die Situation des Patienten wird auch erhoben, denn sein körperlicher und geistiger Zustand sind wichtig bei der Behandlung. Wenn sich seine Verfassung positiv verändert, dann ändert sich auch seine Dekubitussituation. So kann sie erfolgreich und nachhaltig geheilt werden. Wichtige Kriterien sind dabei der Ernährungsstatus, also, ob der Patient Über- oder Untergewicht hat. Dann wird der Frage nachgegangen, welche Medikamente die Person einnimmt und welche weiteren Faktoren die Wundheilung beeinträchtigen. Liegen Erkrankungen des Patienten vor, die hinderlich sind? Wie viel bewegt sich der Patient täglich?

Die Behandlung wird nach der Analyse eingeleitet. Sie kann in Lokaltherapie und Kausaltherapie unterschieden werden.

In der Lokaltherapie kümmert man sich um die Wunde selbst. Je nach Phase im Heilungsprozess wird sie versorgt, in ihr werden die Infektionen bekämpft. Insgesamt wird die Wunde feucht behandelt, da sich eine trockene Behandlung kontraproduktiv auf den Heilungsprozess auswirkt. Weiterhin werden Heilungsreize durch verschiedene Therapien auf die Wunde gegeben. Einmal geben Elektroden Impulse auf die Wunde ab und stimulieren die Heilungsprozesse. Ein anderes Mal kann die Wunde vakuumversiegelt werden.

In der **Kausaltherapie** erfolgt eine Druckentlastung auf diesen Stellen, indem der Patient regelmäßig bewegt wird. Ziel ist eine bessere Durchblutung der Körperregionen. Verschiedene Positionierungen unterstützen dies. Auch wird der Ernährungszustand verbessert. Weiterhin werden Schmerzen medikamentös therapiert. Insgesamt wird der Allgemeinzustand verbessert.

Der gesamte Therapieprozess wird sowohl durch den Arzt als auch durch das Pflegefachpersonal konsequent umgesetzt. Wichtig sind dabei immer Dokumentationen, ob die Therapie erfolgreich ist und die Wunde heilt. Dafür werden standardisierte Vorlagen und Formulare genutzt.

6.2 Kollegengespräch zu Dekubitus

20 Min

erarbeitetes Fachwissen zusammentragen und besprechen

Situation:

Sie als Pflegefachkraft Linda und die Auszubildende Sofia sitzen im Aufenthaltsraum und sprechen über Dekubitus. Da Sie beide über Fachwissen verfügen, ist es ein lebhaftes Kollegengespräch, das beide bereichert.

Merke:

Im Kollegengespräch werden Informationen über Theorie und Praxis ausgetauscht. All dies geschieht in lockerer Umgangssprache, allerdings unter Verwendung von Fachbegriffen.

Überlegen Sie sich vorher, ob Sie sich duzen oder siezen wollen!

Nun arbeiten jeweils zwei Personen zusammen, die nicht die gleichen Texte gelesen haben. Sprechen Sie zusammen über Ihre eben erarbeiteten Texte! Stellen Sie sich Fragen!

Bearbeiten Sie nun gemeinsam:

Arbeitsblatt 6.2 Dekubitus

Vergleichen Sie am Ende mit dem Lösungsvorschlag!

Nutzen Sie:

Lösung Arbeitsblatt 6.2 Dekubitus

 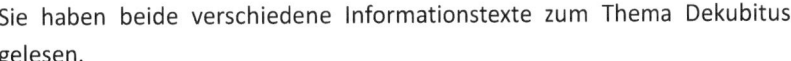

Arbeitsblatt 6.2 Dekubitus

Sie haben beide verschiedene Informationstexte zum Thema Dekubitus gelesen.

Bitte tragen Sie nun alle wichtigen Informationen aus den Texten hier zusammen!

Führen Sie bitte ein Kollegengespräch!

Was ist Dekubitus?

Symptome
-
-
-
-

Risikofaktoren

innere
-
-
-

äußere
-
-
-

Ermittlung des Dekubitusrisikos
Behandlung

Anamnese

Wunde
-
-
-
-

Situation des Patienten
-
-
-
-

Lokaltherapie
-
-
-
-
-

Kausaltherapie
-
-
-
-

Dokumentation

Was ist Dekubitus?

Symptome

Druckstelle, durch länger anhaltenden Druck auf das Hautgewebe

- Schmerzen
- Haut rot oder violett
- Haut dünner und weicher
- offene, bis zu einer großen Wunde

Risikofaktoren

innere
physischer + psychischer Zustand
Bewegungsmangel
Ernährungszustand
feuchte Haut
Sensibilitätsstörungen

äußere
Positionierung
Scherkräfte
Reibung
harte Auflageflächen

Ermittlung des Dekubitusrisikos
Braden-Skala

Behandlung

Anamnese
am Anfang der Behandlung

Wunde
Lokalisation
Größe
Stadium

Situation des Patienten
physischer + psychischer Zustand
Ernährungssituation
Gewicht
Medikamente

Lokaltherapie
Wundversorgung
Infektionsbekämpfung
feuchte Behandlung
Heilungsreize durch Stimulationen
Vakuumversiegelung

Kausaltherapie
Druckentlastung
Bewegung
verschiedene Positionen
Ernährungszustand verbessern
Schmerzbehandlung
Allgemeinzustand verbessern

Dokumentation

Nutzung standardisierter Vorlagen und Formulare

 ## 6.3 Gruppenarbeit gefährdete Körperteile

erarbeiten gemeinsamen Fachwissens

Situation:

Pflegefachkraft Linda und Auszubildende Sofia besprechen Risikostellen am Körper von Herrn Schneider. Sie erklären sich die Logik dieser Stellen und sprechen über Pflegestandards. Auch Kollege Thomas ist anwesend und sie kommunizieren gemeinsam.

Merke:

Ein Dekubitus kann an jeder Körperstelle auftreten, wo Druck entsteht. Besonders gefährdet sind dabei alle Knochenvorsprünge, z. B. Schulterblatt, Gesäß, Fersen. Aber auch an Extremitäten, wie Waden oder Muskeln, kann ein Dekubitus entstehen.

Nur durch regelmäßige Bewegung und Umlagerung kann dieser Schaden am Patienten vermieden werden.

Erarbeiten Sie gemeinsam die Risikostellen an einem Menschen!

Nutzen Sie dazu:

Arbeitsblatt 6.3 Dekubitusstellen

Lösung Arbeitsblatt 6.3 Dekubitusstellen

Fassen Sie das neue Wissen aus den Texten in 6.1 und dem Arbeitsblatt zum Dekubitus aus 6.2 und 6.3 mit eigenen Worten zusammen! Verwenden Sie dabei Fachvokabular!

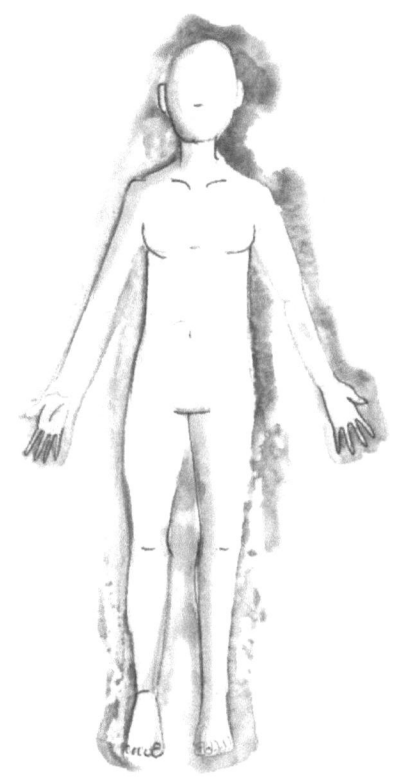

1 .... Zehen

2 .... Beckenknochen

3 .... Wirbelsäule

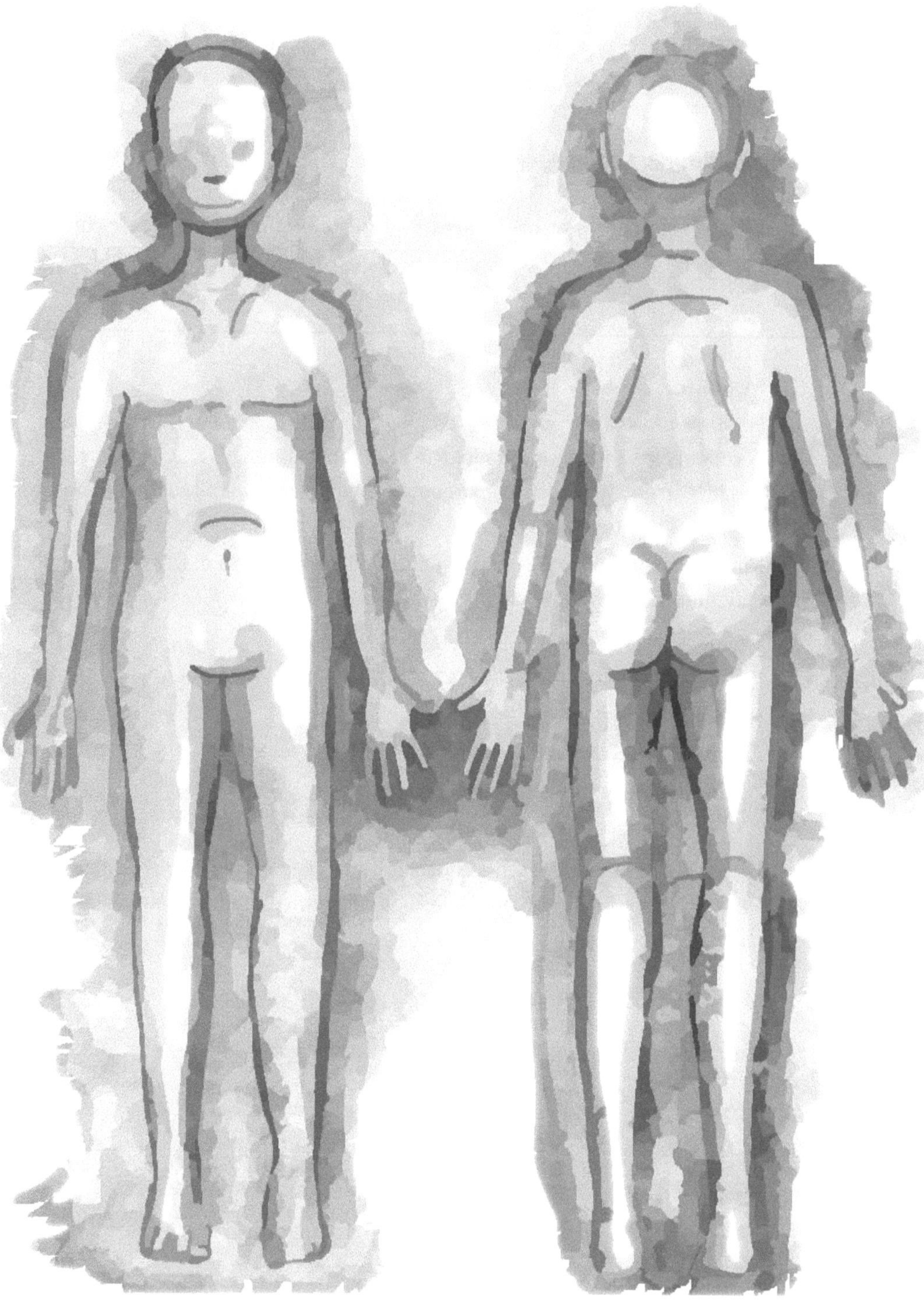

4 .... Ellenbogen

5 .... Trochanter Major

6 .... Ferse

7 .... Fußknöchel

8 .... Stirn

9 .... Schultern

10.... Gesäß

11 .... Rippen

12 .... Ohrmuschel

13 .... Hinterkopf

14 .... Knie

15 ....Kreuzbein/Steißbein

8 Stirn

12 Ohrmuschel

9 Schulter

11 Rippen

2 Beckenknochen

5 Trochanter

Major

14 Knie

7 Fußknöchel

1 Zehen

13 Hinterkopf

3 Wirbelsäule

4 Ellenbogen

10 Gesäß

15 Kreuzbein/

Steißbein

6 Ferse

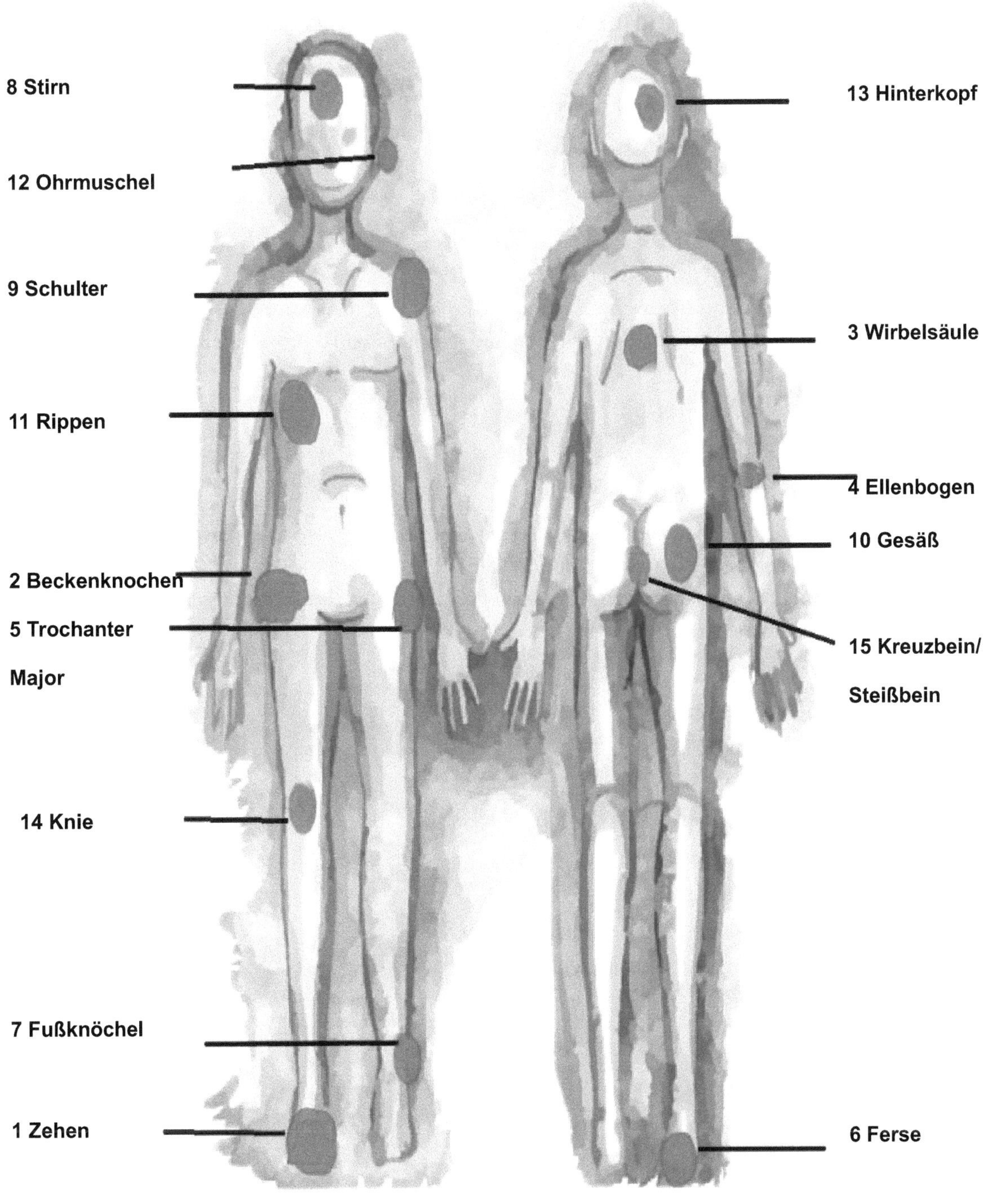

1 .... Zehen	6 .... Ferse	11 .... Rippen
2 .... Beckenknochen	7 .... Fußknöchel	12 .... Ohrmuschel
3 .... Wirbelsäule	8 .... Stirn	13 .... Hinterkopf
4 .... Ellenbogen	9 .... Schultern	14 .... Knie
5 .... Trochanter Major	10.... Gesäß	15 ....Kreuzbein/Steißbein

 ## 6.4: Dokumentation Dekubitus

20 Min

Informationen und Prozesse dokumentieren

 **Merke:**

Eine Dekubitusbehandlung ist immer eine Teamaufgabe zwischen Ärzten und Pflegepersonal. Die Dokumentation ist dabei ein elementarer Bestandteil, um professionell und angemessen Maßnahmen abzuleiten. In jeder Einrichtung werden dafür standardisierte und lizensierte Dokumente verwendet.

 Hören Sie nun:

🔊 **Audio 6.4 Dekubitus**

Bearbeiten Sie anschließend:

Arbeitsblatt 6.4 Wunddokumentation

Kontrollieren Sie sich mit:

Lösung Arbeitsblatt 6.4 Wunddokumentation

Transkription Audio 6.4 Dekubitus

Arbeitsblatt 6.4 Wunddokumentation

Hören Sie 🔊 **Audio 6.4 Dekubitus** und bearbeiten Sie die Wunddokumentation!

Name	Horst Schneider	Geburtsdatum	Geschlecht	männlich
		21.05.1947		weiblich

Diagnose

Wundart

Dekubitus	Diab. Fußulkus
Ulcus crusis	andere:

Bisherige Wundversorgung

Risikofaktoren

Gefäßerkrankungen	Kachexie
Immunsuppression	Diabetes
Adipositas	Inkontinenz
sonstige	

Beschreibung der

Lokalisation

Datum/Unterschrift

Wundgröße (Breite x Höhe in cm)

Wundtiefe (in cm)

Wundschmerz (0-10) 0= kein

Zustand der Wunde

Foto-Dokumentation

nekrotisch

belegt

granuliert

infiziert

Wundtaschen

Wundrand

Verband

normal

ödematös

gerötet

Exsudation

Bemerkungen

stark

mittel

schwach

eitrig

übel riechend

blutig

Lösung Arbeitsblatt 6.4 Wunddokumentation

Name	Horst Schneider	Geburtsdatum 21.05.1947	Geschlecht	X	männlich
					weiblich

Diagnose

Wundart

offene Stelle auf dem rechten Beckenknochen

Dekubitus	X	Diab. Fußulkus
Ulcus crusis		Andere:

Bisherige Wundversorgung

Risikofaktoren

Gefäßerkrankungen		Kachexie
Immunsuppression		Diabetes
Adipositas		Inkontinenz
sonstige	unbekannt	

Beschreibung der Lokalisation

Datum/Unterschrift PFK Linda

Wundgröße (Breite x Höhe in cm) 10x9cm

Wundtiefe (in cm)

Wundschmerz (0-10) 0= kein

Zustand der Wunde

Foto-Dokumentation erfolgt

nekrotisch	
belegt	X
granuliert	
infiziert	X
Wundtaschen	

Wundrand		**Verband**
normal		steriler Wundverband
ödematös		
gerötet	X	

Exsudation		**Bemerkungen**
stark		Daten wurden von Pflegefachkraft Linda und Auszubildender Sofia erhoben
mittel		
schwach		
eitrig	X	
übel riechend	X	
blutig		

Transkription Audio 6.4 Dekubitus

Auszubildende: Hallo Herr Schneider, mich kennen Sie ja schon. Ich bin die neue Auszubildende hier auf der Station. Ich bin Sofia.

Patient: Hallo Sofia, na klar. Wir hatten ja heute schon das Vergnügen. Ich erinnere mich.

Auszubildende: Wir hatten ja heute Morgen eine rote offene Stelle auf Ihrem rechten Beckenknochen entdeckt. Das müssen wir uns nochmals ansehen. Dafür habe ich mir Schwester Linda mitgebracht.

PFK Linda: Ja genau. Das wollen wir jetzt aufnehmen in die Pflegedokumentation. Sind Sie damit einverstanden, dass wir ein Foto von der Druckstelle machen und es in den Unterlagen abspeichern? Das wäre sehr wichtig.

Patient: Aber natürlich, Schwester. Sie wissen, ich bin immer kooperativ.

PFK Linda: Ja, das stimmt. Also Sofia, dann fangen wir an. Das Einverständnis des Patienten am Anfang ist immer sehr wichtig. Sieh zu, dass du nur die Wunde und die direkte Umgebung fotografierst. Mehr nicht.

Auszubildende: Ja, geht klar. Zuerst desinfizieren wir uns aber beide die Hände. Das ist bei der Arbeit mit Wunden besonders wichtig.

PFK Linda: Da hast Du Recht. Hier sind auch schon unsere Handschuhe.

Nimm bitte hier den Spatel und mach einen Abstrich von der Wunde.

Herr Schneider, wir müssen kurz die Wunde berühren.

Patient: Hm, stöhnt kurz

PFK Linda: Jetzt steckst du den Spatel mit dem Wundsekret in das Abstrichröhrchen und verschließt es fest. Schon erledigt! Gut gemacht, Sofia. Wenn Du den Dekubitus nun beschreiben würdest, wie sieht er aus?

Auszubildende: Hm, die Oberfläche sieht hellgelb belegt aus und das Wundsekret riecht auch schon leicht. Das ist wahrscheinlich Eiter.

Ich schlage vor, dass ich alles kurz mit einer Kochsalzlösung reinige und anschließend desinfiziere.

Patient: OK. Ich bin bereit.

PFK Linda: Das geht ja schnell.

So, jetzt vermessen wir die Größe der Wunde. Hier ist das Maßband dafür.

Auszubildende: Also, ich sehe, dass die Wunde 10x 9 cm groß ist. Der Wundrand sieht ganz rot aus, auch ein bisschen geschwollen.

PFK Linda: Sooo, Herr Schneider, jetzt haben Sie es gleich geschafft. Sofia legt Ihnen noch die passende sterile Wundauflage an und dann sind wir schon fertig.

Patient: Das ist ja wunderbar. Danke schön!

6.5 Übergabegespräch führen

10 Min

erledigte Aufgaben kommunizieren, anstehende Planungen weitergeben
Informationen strukturieren

Situation:

Pflegefachkraft Linda und Auszubildende Sofia haben Feierabend. Um die Schicht zu beenden und den Pflegeprozess zu übergeben, berichtet Linda der startenden Kollegin Brigitte von den Ereignissen um Herrn Schneider.

Merke:

Die Übergabe ist das Weitergeben von Informationen und gehört zu den wichtigsten Aufgaben am Ende eines Arbeitstages im Krankenhaus oder Pflegeheim. Sie ist sehr wichtig, weil eine lückenlose Übermittlung aller relevanten Ereignisse und Neuerungen einen optimalen Pflegeprozess gewährleisten.

Bereiten Sie sich gedanklich auf den mündlichen Bericht über Herrn Schneider vor.

Bitte führen Sie zu zweit ein Übergabegespräch.

Nutzen Sie:

Arbeitsblatt 6.5 Übergabegespräch führen

Berichten Sie von der Dekubitussituation bei Herrn Schneider. Verwenden Sie gern:

Arbeitsblatt 6.4 Wunddokumenation

Stellen Sie sich gegebenenfalls W-Fragen und beantworten Sie diese. Kann Pflegefachkraft Linda die Fragen nicht beantworten, verweist sie auf noch zu erledigende Aufgaben für die kommende Schicht.

Arbeitsblatt 6.5 Übergabegespräch führen

 Führen Sie zu zweit ein Übergabegespräch. Nutzen Sie die Notizen aus:

Arbeitsblatt zu 6.4 Wunddokumentation

Beginnen Sie mit einem kleinen Smalltalk, gehen Sie dann in Fachsprache über.

Vorschlag zur Struktur des Gesprächs
Orientieren Sie sich an den W-Fragen!
- **Wer?**
- **Was?**
- **Wie?**

Pflegefachkraft

Sie sind Pflegefachkraft Linda. Ihre Schicht ist zu Ende. Heute früh wurde Herr Schneiders Dekubitus entdeckt. Berichten Sie dies Ihrer Kollegin im Übergabegespräch. Nutzen Sie Ihre Dokumentation dafür.

Pflegefachkraft

Sie sind Pflegefachkraft Brigitte. Ihre Nachtschicht startet nun mit dem Übergabegespräch zwischen Ihnen und Schwester Linda. Stellen Sie Fragen zur Situation von Herrn Schneider.
Machen Sie sich Gesprächsnotizen!

Schreiben Sie abschließend zusammenhängende Sätze zur Übergabe von Herrn Schneider! Verwenden Sie kohärenzstiftende Mittel!

7. Feste und Feiern

Inhalt des siebenten Szenarios: Feste und Feiern

Teamsitzung: Planung einer Aktivität
Material:
  Arbeitsblatt 7.1 Planung einer Aktivität
20 Min

Einladung zur Feier schreiben
Material:
  Arbeitsblatt 7.2 Schreiben an Mitpatienten
  Lösung Arbeitsblatt 7.2 Schreiben an Mitpatienten
20 Min

Telefonat mit Angehörigen führen
Material:
  Arbeitsblatt 7.3 Telefonat mit Angehörigen führen
20 Min

Anfertigen einer Hörnotiz
Material:
  Audio 7.4 Geburtstagsfest
  Arbeitsblatt zu 7.4 Geburtstagsfest Notiz
  Transkription Audio zu 7.4 Geburtstagsfest
  Lösung Audi 7.4 Geburtstagsfest
20 Min

Diskussion über ein Thema
Material:
  Arbeitsblatt 1.5 Diskussion Redemittel
  Arbeitsblatt 7.5 Diskussion Überstunden
10 Min

Anlass:
Geburtstage sind wichtige Anlässe für jeden Menschen. Da es für viele Patienten wichtig ist, diesen Tag irgendwie zu begehen, kann das Pflegepersonal je nach Ressourcen eine kleine Feier zur Aufmerksamkeit organisieren. Auf Station F hat eine Patientin demnächst ihren 80sten Geburtstag, sodass die Pflegekräfte nun mit der Organisation beginnen.

7.1 Teamsitzung Planung einer Aktivität

20 Min

innerbetriebliche Kommunikation
an einem Mitarbeitergespräch teilnehmen

Situation:

Patientin Frau Schneider begeht demnächst ihren 80. Geburtstag. Währenddessen wird sie die Einrichtung nicht verlassen können.

Deshalb bespricht das Pflegeteam auf seiner Sitzung diesen Tag und organisiert die wichtigsten Dinge dafür.

Merke:

Feste und Feiern sind für jeden Menschen in seinem Leben wichtig. Sie geben Identität und strukturieren das Leben. Insbesondere, wenn man sich längere Zeit in einer Einrichtung aufhält, ist dies ein wichtiger Moment für die Person, um Kontakte zu pflegen und um die eigene Identität zu stärken.

Führen Sie gemeinsam mit Ihren Kollegen eine Planung durch, um die Feier von Frau Schneider zu organisieren. Bedenken Sie die persönliche Situation der Patientin.

Verwenden Sie dazu:

Arbeitsblatt 7.1 Planung einer Aktivität

Arbeitsblatt 7.1 Planung einer Aktivität

 Planen Sie eine Feier für Frau Schneider!

Beachten Sie dabei ihre persönliche Situation.

Überlegen Sie gemeinsam, worauf bei einer Feier geachtet werden muss.

Name	Helga Schneider
Geburtstag	20. Mai 1945
Familienstand	verwitwet
Angehörige	Tochter, Sohn, Enkelsohn
Aufnahme	19. Juni 20....
Diagnosen	Oberschenkelhalsbruch, therapiert
	Diabetes Mellitus, Typ 2
Hilfsmittel	Rollator
Vorlieben	isst gern Käsetorte und Konfekt
	mag klassische Musik, besonders L. van Beethoven
	schaut gern Serien im Fernsehen
	liest gern Liebesromane
Besonderes	hat viele Kontakte in der Einrichtung und spielt in einer Skatgruppe mit

 Verwenden Sie Redemittel, um Vorschläge zu unterbreiten, abzulehnen und zuzustimmen!

Vorschlag unterbreiten	Vorschlag ablehnen	Sich einigen
Könnten Sie sich vorstellen, dass,...?	Ich hätte da einen anderen Vorschlag:....	Ja, das kann ich mir vorstellen.
Mein Vorschlag wäre..., da...	Keine schlechte Idee, aber wie wäre es, wenn wir... ?	Ich wäre mit.... einverstanden.
Ich finde, man sollte....	Wäre es nicht besser, wenn...?	Das halte ich für eine gute Lösung.
Was haltet Ihr davon, wenn...?	Ich würde es besser finden, wenn....	Schön, dann einigen wir uns also auf... .
Ich würde vorschlagen, dass....	Lass uns doch lieber...	Wie wäre es mit einem Kompromiss: ....?
Wie wäre es, wenn wir....?	Das überzeugt mich nicht.	Dann einigen wir uns doch auf Folgendes: ....

 Orientieren Sie sich bei Ihrer Planung an den W-Fragen

Wer? Was? Wann? Wo? Wohin? Mit wem?....

7.2 Schreiben an Mitpatienten

schriftliche Informationen an Patienten verfassen

20 Min

Situation:

Auf der Teamsitzung wurden Handlungsschritte zur Organisation der Geburtstagsfeier besprochen. Dazu gehört unter anderem, eine Einladung an alle Mitpatienten der Station F zu verfassen. Dadurch sind alle über das anstehende Ereignis informiert.

Merke:

Menschen sind soziale Wesen und wollen deshalb einer Gruppe angehören. Dies sind bei Patienten in Einrichtungen die anderen Patienten. In der Soziologie wird dies auch als „Peergroup" bezeichnet.

Natürlich variiert dieses Bedürfnis nach Zugehörigkeit je nach Persönlichkeit. Diesem soll nun Rechnung getragen werden. Deshalb werden zu Frau Scheiders Geburtstag weitere Patienten eingeladen, um angemessen ein kleines Fest zu feiern. Bedenken Sie, dass Freude und Spaß einer positiven Grundstimmung zuträglich sind und damit auch den Genesungsprozess beschleunigen können.

Schreiben Sie den Mitpatienten von Station F eine Einladung!

Nutzen Sie die Vorlage:

Arbeitsblatt 7.2 Schreiben an Mitpatienten

Vergleichen Sie nach dem Schreiben mit:

Lösung Arbeitsblatt 7.2 Schreiben an Mitpatienten

Bearbeiten Sie folgende Punkte:

> **Grund des Schreibens**
>
> **Veranstaltungsdaten**
>
> **Was zu tun ist/ Bitten um Unterstützung**
>
> **Worüber sich Frau Schneider freuen würde**

Achten Sie bitte auf den üblichen Aufbau einer halbformellen E-Mail!

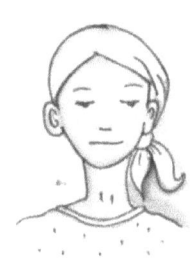

Arbeitsblatt 7.2 Schreiben an Mitpatienten

 Verfassen Sie ein kurzes Schreiben an die Mitpatienten von Frau Schneider. Sie sollen einmal zur kleinen Feier im Aufenthaltsraum eingeladen werden. Auch sollen Datum, Uhrzeit und andere Details zur Feier kommuniziert werden.

Bearbeiten Sie dabei folgende Punkte:

> **Grund des Schreibens**
> **Veranstaltungsdaten**
> **Was zu tun ist/ Bitten um Unterstützung**
> **Worüber sich Frau Schneider freuen würde**

Achten Sie bitte auf den üblichen Aufbau einer halbformellen E-Mail!

Von:

An: ....

Betreff:

_____
_____
_____
_____
_____
_____
_____
_____
_____
_____
_____
_____

Lösung Arbeitsblatt 7.2 Schreiben an Mitpatienten

In einem frei entwickelten Text sind verschiedene Lösungen möglich. Dies stellt nur eine der möglichen Antworten dar. Die vorgeschlagene E-Mail kann zu Ihrer Orientierung dienen.

> **Grund des Schreibens**
> **Veranstaltungsdaten**
> **Was zu tun ist/ Bitten um Unterstützung**
> **Worüber sich Frau Schneider freuen würde**

Von:

An: die Patienten der Station F

Betreff: Geburtstagsfeier von Frau Schneider

Sehr geehrte Patientin, sehr geehrter Patient,

Unsere Frau Schneider feiert am .... im Aufenthaltsraum ihren 80. Geburtstag. Das ist besonders erfreulich für sie. Da sie das Haus nicht verlassen kann, wird anlässlich des Geburtages am.... um .....ein kleines Fest stattfinden. Sie sind dazu herzlich eingeladen.

Für Essen und Trinken wird gesorgt sein. Sie brauchen also nichts mitbringen, außer gute Laune.

Freuen würde sich Frau Schneider sicher über ein kleines Geschenk. Sie isst gern mal Konfekt oder mag Blumen. Daher haben Sie sicher eine Idee. Wir freuen uns auf ein tolles Geburtstagsfest, das wir so schnell nicht wieder vergessen werden. Bis dahin alles Gute!

Beste Grüße

Ihr Pflegeteam von Station F

7.3 Telefonat mit Angehörigen führen

mündliche Informationen an Angehörige und Verwandte, Telefonat führen

Situation:

Die Organisation der Geburtstagsfeier für Frau Schneider schreitet voran. Nachdem die Planungsschritte in der Teamsitzung besprochen wurden und auch schon die Einladungen an alle Patienten verteilt wurden, sollen nun noch die Angehörigen kontaktiert werden, um gemeinsam einige Details zu planen und weitere Unterstützung zu organisieren. Besonders Frau Schneiders Sohn steht da im Fokus, weil er direkt in der gleichen Stadt wohnt. Um kurze Kommunikationswege zu nutzen, ist beschlossen worden, ihn anzurufen.

Merke:

Die kooperative Arbeit mit Angehörigen ist ein zentraler Bestandteil Ihrer Tätigkeit, denn Angehörige sind das primäre soziale Netzwerk unserer Patienten. Sie können nicht nur unterstützend wirken, sondern sind ein nicht direkt sichtbarer Anteil der Patientenpersönlichkeit.

Aus diesem Grund sind Angehörige bei Festen und Feiern nach Möglichkeit einzubeziehen.

Erarbeiten Sie in zwei Gruppen ein mögliches Gespräch. Nutzen Sie die Rollenkarten von:

Arbeitsblatt 7.3 Telefonat mit Angehörigen führen

Führen Sie als Pflegefachkraft (Person aus Gruppe A) das Telefonat mit dem Sohn von Frau Schneider (Person aus Gruppe B)

Laden Sie ihn natürlich auch ein!

Arbeitsblatt 7.3 Telefonat mit Angehörigen führen

 Erarbeiten Sie in zwei Gruppen ein mögliches Gespräch. Nutzen Sie die Rollenkarten!

Vorschlag zur Struktur des Gesprächs
Orientieren Sie sich an den W-Fragen!

Wer?

Was?

Wie?

Gruppe A bereitet sich auf die Rolle der Pflegefachkraft Linda vor. Überlegen Sie, was Sie dem Sohn sagen wollen.

Welche Unterstützung kann er für die Geburtstagsfeier seiner Mutter geben?

Überlegen Sie sich Formulierungen!

Unterbreiten Sie ihm Vorschläge.

Stellen Sie Nachfragen!

Gruppe B bereitet sich auf die Rolle des Sohnes, Karl Schneider vor. Sie sind 51 Jahre alt und sind in Vollzeit berufstätig.

Überlegen Sie, welche Fragen Sie noch an die Pflegefachkraft zur Organisation der Feier haben.

Überlegen Sie sich Formulierungen mit Wünschen!

Bieten Sie Ihre Kooperation an!

 Führen Sie nun als Pflegefachkraft Linda (Person aus Gruppe A) das Telefonat mit dem Sohn von Frau Schneider (Person aus Gruppe B)!

7.4 Anfertigen einer Hörnotiz

15 Min

Informationen von Angehörigen notieren

Situation:

Die Geburtstagsfeier ist soweit mit der Patientin Frau Schneider und deren Sohn besprochen. Alles ist im Ablauf geplant. Nun meldet sich der Enkel der Patientin.

Merke:

Die pflegerische Tätigkeit ist komplex. Oft werden Sie telefonische Nachrichten erhalten, zu denen Sie eine kurze Notiz anfertigen müssen. Das Mitschreiben während des Hörens ist dabei eine anspruchsvolle Aufgabe, die Sie unbedingt trainieren sollten.

Hören Sie die Sprachnachricht und fertigen Sie Notizen für Ihre Kollegen in der nächsten Schicht an!

Verwenden Sie:

Audio 7.4 Geburtstagsfest

Arbeitsblatt 7.4 Geburtstagsfest Notiz

Zum weiteren Hörtraining verwenden Sie:

Transkription Audio 7.4 Geburtstagsfest

Die Auflösung bekommen Sie unter:

Lösung Audio 7.4 Geburtstagsfest

Hören und Schreiben
Telefonnotiz

01 Grund für den Anruf

a ⬭ Angebot

b ⬭ Bestellung/Buchung

c ⬭ Beschwerde

02 Namen
Frau/Herr

03 Kontakt
Telefon

04 Weitere Informationen

05 Zu erledigen

Transkription Audio 7.4 Geburtstagsfest

 Trainieren Sie Ihr Hörverstehen mit Zahlen und Buchstaben. Hören Sie das Audio noch einmal. Notieren Sie Namen und Zahlen! Bitte achten Sie auf die Groß- und Kleinschreibung.

02 Namen
Frau/Herr

03 Kontakt
Telefon

Hören Sie ein zweites Mal und trainieren Sie nun noch einmal den Namen (Item 02) und die Telefonnummer (Item 03)!

Verbessern Sie Ihre Stichpunkte auch bei Item 04 und 05!

Transkription zu Höraufgabe 7.4

Guten Tag, hier spricht Christoph Plattner. Ich bin der Enkel von Frau Schneider, die auf Ihrer Station liegt.

Meine Oma hat ja nun bald Geburtstag und mein Papa sagte mir, dass es für Omi eine kleine Feier gibt. Das finde ich so toll! Ich möchte auch gerne was dazu beitragen.

Meine Oma hört ja gerne Klassikmusik. Also, ich lerne nun schon seit 4 Jahren in der Musikschule Geige. Deshalb habe ich mir gedacht, dass ich ihr vielleicht ein oder zwei schöne Geburtstagsständchen vorspielen könnte. Das liebt sie immer so sehr.

Was denken Sie, wäre das möglich? Die anderen Patienten hätten sicher auch Freude daran und würden es genießen.

Ich denke, ich spiele ungefähr 10 Minuten. Auch bräuchte ich einen Notenständer, da ich den nicht mit dem Fahrrad mitbringen kann. Die Geige ist schon immer groß genug. Hätten Sie so etwas auf der Station oder könnten Sie sowas besorgen? Wenn nicht, dann müsste mir jemand die Noten halten. Das würde auch gehen.

Vielleicht können Sie mir dazu kurz Bescheid geben.

Mein Name nochmal: Plattner. PLATTNER. Sie können mich anrufen unter 0173 4 63 36 582. Einen schönen Tag noch! Tschüss

Lösung Audio 7.4 Geburtstagsfest

 Vergleichen Sie Ihre Notizen mit dem Lösungsvorschlag! Item 01, 02 und 03 müssen genau identisch sein. Item 04 und 05 sind ungefähre Lösungsvorschläge

Hören und Schreiben
Telefonnotiz

01 Grund für den Anruf

a ● Angebot

b ○ Bestellung/Buchung

c ○ Beschwerde

02 Namen
Frau/Herr

Plattner

03 Kontakt
Telefon

0173 4 63 36 582

04 Weitere Informationen

- Enkel möchte zur Geburtstagsfeier von Frau Schneider beitragen.
- möchte für 10 Minuten Geigenstücke vorspielen
- braucht Notenständer

05 Zu erledigen

- Bitte um Rückmeldung, ob derartige Unterstützung gewünscht ist

 ## 7.5 Diskussion über ein Thema

innerbetriebliche Kommunikation

an einem Mitarbeitergespräch teilnehmen

Situation:

Die Geburtstagsfeier von Frau Schneider ist nun gut gelaufen. Allerdings mussten die Pflegefachkräfte der Station F einige Überstunden dafür leisten.

Sie sitzen nun im Pausenraum und sprechen über die organisierte Feier.

Nun haben alle Pflegefachkräfte bereits ein hohes Arbeitspensum und sie stellen sich die Frage, wie Sie zukünftig mit dem Thema „Überstunden bei außergewöhnlichen Ereignissen" umgehen wollen.

 **Merke:**

Arbeitsverträge regeln die Arbeitszeiten verbindlich. Trotzdem gibt es im Pflegebereich immer wieder die Situation, in denen Überstunden geleistet werden müssen. Je nach Vereinbarung werden diese zusätzlichen Arbeitsstunden monetär oder durch Abbummeln entgolten.

Bei Bedarf trainieren Sie erst nochmals die Redemittel für die Äußerung von Meinungen/ Vermutungen:

 **Arbeitsblatt 1.5 Diskussion Redemittel**

Führen Sie gemeinsam mit Ihrem Kollegen eine Diskussion.

Verwenden Sie dazu:

Arbeitsblatt 7.5 Diskussion Überstunden

Arbeitsblatt 7.5 Diskussion Überstunden

Situation   In der Pflege ist aufgrund des anhaltenden Personalmangels eine hohe Arbeitslast zu tragen. Überstunden stehen da oft im Raum, nicht nur bei der Organisation von Feiern für Patienten.

 Lesen Sie die folgende Frage und diskutieren Sie mit Ihrer Partnerin bzw. Ihrem Partner darüber.

Begründen Sie Ihre Meinung und nennen Sie Beispiele. Die drei Aussagen können Ihnen dabei helfen.

Sind Sie bereit, Überstunden zu leisten?

Ich finde, unser Beruf ist sehr verantwortungsvoll. Wo Hilfe gebraucht wird, sollten wir auch da sein. Egal, ob es innerhalb der regulären Arbeitszeit ist oder nicht.

Wozu gibt es denn Arbeitsverträge, wenn man ständig mehr arbeiten soll? Ich bin sonst ja kein Korinthenkacker. Aber bei diesem Thema sollte man sich an die Verträge halten.

Wenn Kollegen krank sind oder so. Da müssen wir schon zusammenhalten und auch mal füreinander einspringen. Das ist meine Meinung dazu.

8. Demenz

Inhalt des achten Szenarios: Demenz

Über Erfahrungen mit Demenz sprechen

⏰ 15 Min

Material:

  Arbeitsblatt 8.1 über Erfahrungen sprechen A
  Arbeitsblatt 8.1 über Erfahrungen sprechen B

Kurzvortrag über Demenz

⏰ 10 Min

Material:

  Arbeitsblatt 8.2 Demenzskala
  Lösung Arbeitsblatt 8.2 Demenzskala
  Arbeitsblatt 8.2. Kurzvortrag Demenz A
  Arbeitsblatt 8.2. Kurzvortrag Angehörige B

Aufnahmegespräch

⏰ 25 Min

Material:

  🔊 Audio 8.3 Aufnahmegespräch
  Arbeitsblatt 8.3 Aufnahmebogen Demenz
  Lösung Arbeitsblatt 8.3 Aufnahmebogen Demenz
  Transkription Audio 8.3 Aufnahmegespräch

Smalltalk über Umgang mit Demenzkranken

⏰ 10 Min

Material:

  Arbeitsblatt 8.4 Behandlungsmethoden
  Arbeitsblatt 1.5 Diskussion Redemittel

Anlass:

Die Menschen werden in Deutschland immer älter. Einhergehend damit steigt die Demenzrate.

Auch auf Station gibt es einige demente Patienten.

Der junge Auszubildene Jonas wird mit dieser Thematik konfrontiert. Seine Mentorin, Pflegefachkraft Linda, steht ihm dabei zur Seite und ist ein guter Kommunikationspartner, damit er neue Denkansätze entwickeln und praktische Erfahrungen sammeln kann.

 # 8.1 Über Erfahrungen mit Demenz sprechen

15 Min

Sprechen über ein berufsspezifisches Thema

Situation:

Der Auszubildene Jonas spricht mit seiner Mentorin, Pflegefachkraft Linda. Sie sprechen gemeinsam über das Thema Demenz, über ihre Meinungen und Erfahrungen mit diesem Thema.

Merke:

Demenz ist eine Gehirnerkrankung, die für Probleme mit dem Gedächtnis, dem Denken und dem Verhalten verantwortlich ist. Sie kann je nach Schweregrad das tägliche Leben massiv beeinträchtigen. Die Alzheimer-Krankheit ist dabei die wohl am meisten verbreitete Demenz-Form.

Person A spricht über ihre Erfahrungen und Meinungen zum Thema

„Demenzpflege in der Einrichtung". Nutzen Sie dazu:

Arbeitsblatt 8.1 über Erfahrungen sprechen A

Gehen Sie je nach Sprachkompetenz auf die Fragen in 1B ein. Gern kann der Gesprächspartner diese Frage auch vorlesen, sodass Person A sie direkt beantworten kann.

Danach spricht Person B über das Thema:

„Demenzpflege durch Angehörige". Nutzen Sie dazu:

Arbeitsblatt 8.1 über Erfahrungen sprechen B

Gehen Sie je nach Sprachkompetenz auf die Fragen in 1B ein.

Dieser Szenario-Schritt entspricht einem Teil der aktuellen mündlichen Abschlussprüfung in verschiedenen Prüfungsformaten für Deutsch als Fremdsprache!

Arbeitsblatt 8.1 Über Erfahrungen sprechen A

 **Teil 1A**

- **Was sehen Sie auf dem Bild?**

- **Welche Situation zeigt es?**

Sprechen Teilnehmer A

Über Erfahrungen und Meinungen sprechen

 **Teil 1B**

Das Thema ist „**Demenzpflege in der Einrichtung**".
Bitte berichten Sie, welche Erfahrungen Sie zu diesem Thema gesammelt haben.

Fragen für B1-Niveau

- Was sind die Vorteile, wenn man Demenzkranke in einer Einrichtung pflegt?

- Was sind die Nachteile?

- Welche Probleme können entstehen?

- Ist Demenzpflege in einer Einrichtung in Ihrem Heimatland üblich?

- Welche Erfahrungen haben Sie in der Pflege dementer Personen?

Fragen für B2-Niveau

- Welche Unterschiede fallen Ihnen zwischen der Demenzpflege zu Hause und in Einrichtungen ein?

- Gibt es Situationen, in denen Menschen besser in Einrichtungen gepflegt werden sollten?

- Wie werden in Ihrem Heimatland Demenzkranke gepflegt?

- Können Sie sich vorstellen, in der Demenzpflege zu arbeiten? Warum? Warum nicht?

Arbeitsblatt 8.1 Über Erfahrungen sprechen B

 **Teil 1A**

- **Was sehen Sie auf dem Bild?**

- **Welche Situation zeigt es?**

Sprechen Teilnehmer B

Über Erfahrungen und Meinungen sprechen

 **Teil 1B**

Das Thema ist „**Demenzpflege durch Angehörige**".
Bitte berichten Sie, welche Erfahrungen Sie zu diesem Thema gesammelt haben.

Fragen für B1-Niveau

- Was sind die Vorteile, wenn man Demenzkranke zu Hause pflegt?

- Was sind die Nachteile?

- Welche Probleme können entstehen?

- Ist Demenzpflege zu Hause in Ihrem Heimatland üblich?

- Welche Erfahrungen haben Sie in der Pflege dementer Personen?

Fragen für B2-Niveau

- Welche Unterschiede fallen Ihnen zu Demenzpflege in einer Einrichtung ein?

- Gibt es Situationen, in denen Menschen besser zu Hause gepflegt werden sollten?

- Wie können auftretende Probleme für alle positiv gelöst werden?

- Wie können Angehörige bei der Pflege ihrer erkrankten Familienmitglieder unterstützt werden?

8.2 Kurzvortrag über Demenz

10 Min

Informationen strukturiert präsentieren

Situation:

Pflegefachkraft Linda und Auszubildender Jonas befinden sich auf Station. Ihm erklärt Linda, wie erschöpfend die Arbeit mit Demenzerkrankten sein kann. Er hört aufmerksam zu und stellt im Anschluss einige Fragen an Linda. Aber auch er kann schon über Wissen aus der Medizinischen Fachschule berichten.

Merke:

Mit zunehmendem Alter steigt die Demenzrate beim Menschen. Es ist davon auszugehen, dass bei einem hohen Anteil älterer Menschen diese Erkrankung nicht diagnostiziert ist. Deshalb ist für Sie als Pflegefachkraft die Arbeit mit Demenzkranken ein relevantes Thema.

Da Demenzarbeit sehr intensiv sein kann, besteht eine erhöhte Gefahr, auszubrennen.

Bei Bedarf bearbeiten Sie vor dem Kurzvortrag zuerst:

Arbeitsblatt 8.2 Demenzskala

Damit können Sie Ihr Fachwissen wiederholen.

Kontrollieren Sie sich mit:

Lösung Arbeitsblatt 8.2 Demenzskala

Dieser Szenario-Schritt entspricht einem Teil der aktuellen mündlichen Abschlussprüfung in verschiedenen Prüfungsformaten!

Verwenden Sie für Person A:

Arbeitsblatt 8.2 Kurzvortrag Demenz A!

Verwenden Sie für Person B:

Arbeitsblatt 8.2 Kurzvortrag Angehörige B

Arbeitsblatt 8.2 Demenzskala

Demenz ist eine neurologische Erkrankung, die für die Minderung geistiger Fähigkeiten und die Veränderung von Verhalten verantwortlich ist. Sie kann je nach Schweregrad das tägliche Leben massiv beeinträchtigen. Die Alzheimer-Krankheit ist dabei die wohl am meisten verbreitete Demenz-Form.

Ordnen Sie die Schweregrade den Überschriften zu!

Entspricht der Demenzskala nach B. Reisberg.

Stadium ... **schwere kognitive Leistungseinbußen (schwere Demenz)**
Namen von Angehörigen werden vergessen, Tag- und Nachtrhythmus ist gestört, Persönlichkeitsveränderungen treten auf

Stadium ... **mäßige kognitive Leistungseinbußen (leichte Demenz)**
deutliche Defizite beim Erinnern kurz zurückliegender Ereignisse, Erinnern des eigenen Lebenslaufes

Stadium ... **normales Leistungsniveau-keine kognitiven Einbußen**
Aufgaben und Erinnerungsleistungen uneingeschränkt bewältigbar

Stadium ... **sehr schwere kognitive Leistungseinbußen (sehr schwere Demenz)**
Sprachverlust, Inkontinenz, Verlust grundlegender psychomotorischer Kompetenzen

Stadium ... **geringe kognitive Leistungseinbußen**
Wortfindungsstörungen, Gegenstände verlieren/ verlegen, fehlende Orientierung an fremden Orten

Stadium ... **mittelschwere kognitive Leistungseinbußen (mittelschwere Demenz)**
auf Hilfe in allen Bereichen angewiesen, häufig örtlich und zeitlich desorientiert, Namen und Adressen vergessen

Stadium ... **subjektive Leistungseinbußen**
wenige kognitive Leistungseinbußen, vergessen gut bekannter Namen

---

Lösung Arbeitsblatt 8.2 Demenzskala

Hier wurden jetzt die Demenzstadien den Beschreibungen zugeordnet. Sie entsprechen der Demenzskala nach B. Reisberg. Bitte beachten Sie, dass es im Leben manchmal nicht ganz so klar erscheint, denn es kann gerade in Übergangsphasen durchaus zu gemischten Symptomen kommen.

Stadium 1   **normales Leistungsniveau-keine kognitiven Einbußen**
Aufgaben und Erinnerungsleistungen uneingeschränkt bewältigbar

Stadium 2   **subjektive Leistungseinbußen**
wenige kognitive Leistungseinbußen, vergessen gut bekannter Namen

Stadium 3   **geringe kognitive Leistungseinbußen**
Wortfindungsstörungen, Gegenstände verlieren/ verlegen, fehlende Orientierung an fremden Orten

Stadium 4   **mäßige kognitive Leistungseinbußen (leichte Demenz)**
deutliche Defizite beim Erinnern kurz zurückliegender Ereignisse, Erinnern des eigenen Lebenslaufes

Stadium 5   **mittelschwere kognitive Leistungseinbußen (mittelschwere Demenz)**
auf Hilfe in allen Bereichen angewiesen, häufig örtlich und zeitlich desorientiert, Namen und Adressen vergessen

Stadium 6   **Schwere kognitive Leistungseinbußen (schwere Demenz)**
Namen von Angehörigen werden vergessen, Tag- und Nachtrhythmus ist gestört, Persönlichkeitsveränderungen treten auf

Stadium 7   **sehr schwere kognitive Leistungseinbußen (sehr schwere Demenz)**
Sprachverlust, Inkontinenz, Verlust grundlegender psychomotorischer Kompetenzen

 **Arbeitsblatt 8.2 Kurzvortrag Demenz A**

 Sie als Pflegefachkraft sollen dem Auszubildenden Jonas etwas über Ihren Beruf erzählen.

Bitte stellen Sie ihm das Thema kurz vor.

Die Bilder helfen Ihnen dabei.

Der Vortrag sollte ungefähr 2-3 Minuten dauern.

Thema:

Erschöpfung und Überforderung bei der Arbeit mit Demenzkranken

(Was ist das? Folgen, Risiken, Hilfen)

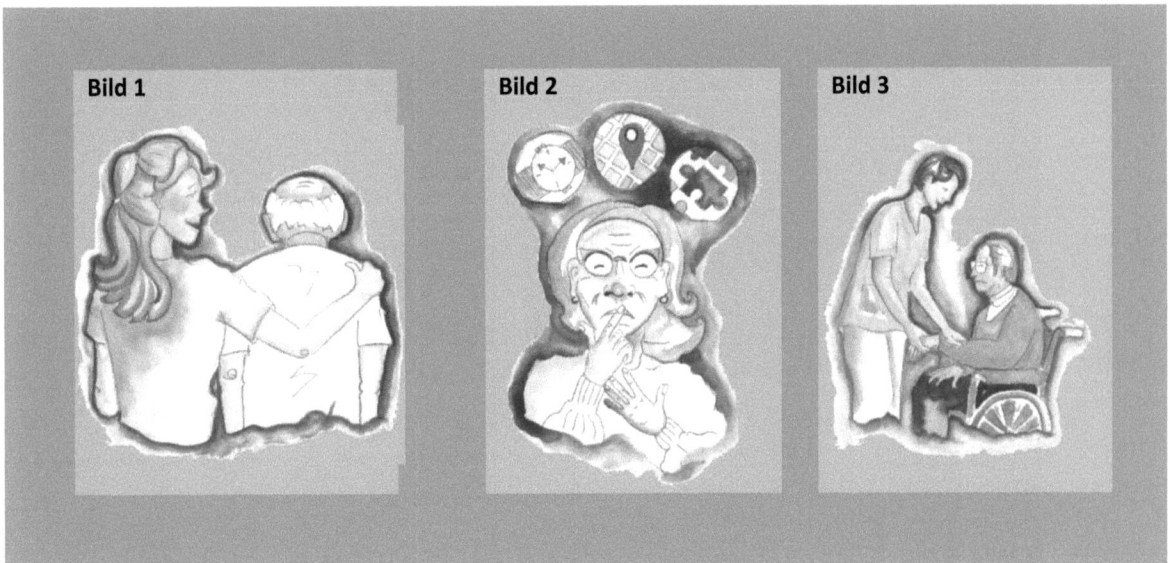

Anschlussfragen

- Welche Gründe kennen Sie für Erschöpfung bzw. Überforderung bei der Arbeit mit Demenzerkrankten?

- Welche Risiken sehen Sie für Patienten, wenn Sie überarbeitet sind?

- Welche Auswirkungen hat Erschöpfung auf Sie persönlich?

- Wie wirkt sich Erschöpfung von Teammitgliedern auf die Stimmung im Team aus?

 **Arbeitsblatt 8.2 Kurzvortrag Angehörige B**

Sie sollen nun etwas über Ihre Arbeit und Ihre Erfahrungen erzählen.

Bitte stellen Sie das Thema kurz vor.

Die Bilder helfen Ihnen dabei.

Der Vortrag sollte ungefähr 2-3 Minuten dauern.

Thema:

Demenzerkrankung

(Was ist das? Folgen, Risiken, Hilfen)

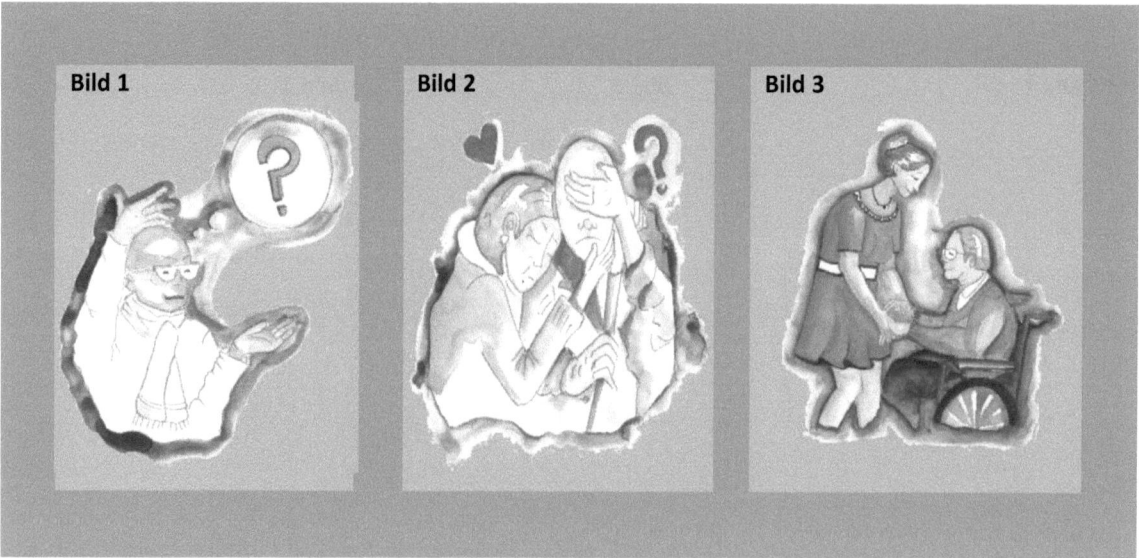

Anschlussfragen

- Welche Chancen sehen Sie für einen Demenzerkranken in der institutionellen Pflege?

- Welche Probleme sehen Sie bei unerkanntem/ sehr spät erkanntem Krankheitsverlauf?

- Was denken Sie darüber, dass Pflegefachkräfte immer wieder Fortbildungen zu diesem Thema absolvieren müssen?

- Was denken Sie über die Involvierung von Angehörigen in den Lebensalltag Demenzerkrankter?

8.3 Aufnahmegespräch

25 Min

Informationen einholen und dokumentieren

Situation:

Nach dem Gespräch zwischen Pflegefachkraft Linda und Azubi Jonas gibt es nun einen Neuzugang, Frau Müller. Es besteht der Verdacht auf Demenz. Im Aufnahmegespräch müssen die Daten der Patientin erhoben werden. Das wird Linda für eine angemessene Dokumentation umsetzen.

Natürlich werden in den nächsten Tagen noch weitere Erhebungen mit der Patientin erfolgen, um ihren Zustand zu erkunden. Die Erstellung einer Diagnose ist dann Aufgabe des Arztes.

Merke:

Bei der Neuaufnahme von Demenzkranken muss die kognitive Situation entsprechend dokumentiert werden.

In der Praxis existieren dazu standardisierte Bögen, zum Beispiel von der Deutschen Alzheimer Gesellschaft. Diese oder ähnliche Bögen werden in den Kliniken und Pflegeeinrichtungen verwendet.

Hören Sie:

Audio 8.3 Aufnahmegespräch

Bearbeiten Sie:

Arbeitsblatt 8.3 Aufnahmebogen Demenz

Kontrollieren Sie sich mit:

Lösung Arbeitsblatt 8.3 Aufnahmebogen Demenz

Bei Bedarf lesen Sie noch einmal:

Transkription Audio 8.3 Aufnahmegspräch

Diskutieren Sie anschließend im Plenum, in welchen Grad Sie Frau Müller einstufen würden und warum!

Arbeitsblatt 8.3 Aufnahmebogen Demenz

 Hören Sie das Gespräch und füllen Sie den Aufnahmebogen aus!

Bewohnername	Hilde Müller	Geb.:	12. April 1948

Gewohnheiten Ressourcen			Hilfebedarf	Hilfeform
1. Kommunizieren			stumm blind	
Brille	ja	nein	schwerhörig taub	
Hörgerät	ja	nein		
Wünsche äußern	ja	nein	**Hilfe bei** **Hörgerät bedienen** ja nein	
Orientierung			**Sprachstörungen** ja nein	
zeitlich	ja	nein	**Sichtfeldeinschränkungen** ja nein	
örtlich	ja	nein		
situativ	ja	nein		
zur Person	ja	nein		
2. Bewegung, selbständig			**Kontrakturen**	
zu Bett gehen/ aufstehen	ja	nein	**Wo?**	
gehen	ja	nein	**Spitzfußstellung**	
stehen	ja	nein	**gebeugter Ellenbogen**	
sitzen	ja	nein	**Kniegelenk 100°**	
laufen	ja	nein	**gefaustete Hand**	
Lage im Bett än-dern	ja	nein	**Dekubitus vorhanden**	
Hilfsmittel dafür?	ja	nein	**Sturzgefahr**	
Spazieren gehen wann/wie oft?	ja	nein	**Körperhygiene welche**	
Mögen Sie körper-liche Aktivitäten?	ja	nein		

B= Beaufsichtigung **A** = Anleitung **Tü**= Teilübernahme **vÜ**= vollständige Übernahme der Hilfe

Lösung Arbeitsblatt 8.3 Aufnahmebogen Demenz

 Vergleichen Sie die Lösungen mit Ihrem ausgefüllten Aufnahmebogen!
Notfalls hören Sie ein zweites Mal!

Bewohnername	Hilde Müller	Geb.:	12.April 1948

Gewohnheiten Ressourcen				Hilfebedarf	Hilfeform

1.Kommunizieren

				stumm	blind

Brille	ja **X** nein			schwerhörig	taub
Hörgerät	ja **X** nein			**X**	
Wünsche äußern	ja **X** nein			**Hilfe bei**	B
				Hörgerät bedienen	
				ja nein **X**	
Orientierung				**Sprachstörungen**	
				ja nein **X**	
zeitlich	ja	nein **X**		**Sichtfeldeinschränkungen**	
				ja nein **X**	
örtlich	ja	nein **X**			
situativ	ja	nein **X**			
zur Person	ja	nein **X**			

2.Bewegung, selbständig

				Kontrakturen	
zu Bett ge-hen/aufstehen	ja **X** nein		**Tü**	**Wo?**	
gehen	ja **X** nein			**Spitzfußstellung**	
stehen	ja **X** nein			**gebeugter Ellenbogen**	Tü
sitzen	ja **X** nein			**Kniegelenk 100°**	
laufen	ja **X** nein			**gefaustete Hand**	
Lage im Bett än-dern	ja **X** nein			**Dekubitus vorhanden**	
Hilfsmittel dafür?	ja **X** nein			**Sturzgefahr**	A
Spazieren gehen	ja **X** nein			**Körperhygiene-welche**	
wann/wie oft?	täglich			Baden	Tü
Mögen Sie körper-liche Aktivitäten?	ja	nein **X**		Kämmen	A
				Fußnagelpflege	vÜ

B= Beaufsichtigung **A** = Anleitung **Tü**= Teilübernahme **vÜ**= vollständige Übernahme der Hilfe

PFK Linda:	Hallo Frau Müller, ich bin Schwester Linda. Ich arbeite hier auf Ihrer Station. Ich grüße Sie!
Patientin:	Hallo Schwester, das ist ja lieb. Danke schön. Sie sehen aus wie meine Tochter. Gehen Sie auch in die Schule?
PFK Linda:	Frau Müller, ich muss ein paar Informationen von Ihnen haben. Kann ich Sie mal ein bisschen befragen? Wir kennen uns ja noch nicht so gut. Sie sind ja gestern Nacht erst zu uns gekommen, nachdem Sie am Bahnhof umherliefen.
Patientin:	Das war eine Sache. Ist mir ja noch nie passiert. Dement bin ich ja noch nicht! Was wollen Sie denn wissen?
PFK Linda:	Also, wie ich sehe, tragen Sie eine Brille. Die liegt hier auf dem Nachttisch. Aha. Brauchen Sie die nicht immer? Gerade jetzt nach dem Frühstück brauchen Sie doch klare Sicht.
Patientin:	Ja ja, doch. Habe ich gerade gesucht. Wieso Frühstück? Ich habe noch Hunger. Habe heute gar nichts bekommen.
	Die Brille, ja, die habe ich wirklich schon lange. Die brauche ich auch zu allem. Na, Lesen, Fernsehgucken. Was man halt so macht den lieben langen Tag. Am Computer arbeiten... Könnten Sie mir die gleich mal rüberreichen? Manchmal verlege ich die. Hach, dann suche ich immer ewig! Aber das geht ja allen so, glaube ich.
PFK Linda:	Aber mein Gesicht sehen Sie?
Patientin:	Ja, natürlich. Ganz gut.
PFK Linda:	Ok. Eine Brille... Wie ist es mit den Ohren? Wie ich sehe, haben Sie auch ein Hörgerät. Kommen Sie damit klar?
Patientin:	Ja, die Ohren. Aber das ist ganz einfach. Die mache ich einfach rein und dann ist es gut. Meine Kinder, wissen Sie.
PFK Linda:	Na, das klingt ja perfekt! Frau Müller, wie ist es denn mit Ihrer Bewegung? Am Bahnhof sind Sie ganz allein gelaufen, nur mit Ihrem Rollator. Aber klappt das alles so?
Patientin:	Ja, mit meinem „Porsche", wissen Sie, da bin ich ganz gut unterwegs. Gehe dann auch ganz gerne mal ein bisschen raus. Ich gehe immer raus. In der Mittagspause vor allem. Jeder will in die Kantine. Ich drehe meine Runde im Park. Dass ich mich da jetzt so verlaufen hatte, war ja echt ein Ding! Aber sonst war ich eigentlich nie so aktiv. Früher bin ich immer gejoggt. Aber das ist nichts mehr für mich.
PFK Linda	Frau Müller, also sind Sie sportlich nicht aktiv. Aber Sie laufen gern, gehen spazieren, wie ich das verstehe. Am liebsten täglich?
Patientin:	Hm....
PFK Linda:	Wie ist es denn mit Ihrem Laufen? Sind Sie schon mal gestürzt?
Patientin:	Gott bewahre, zum Glück nicht. Nur mein Ellenbogen hier ist nicht mehr ganz so gerade. Sehen Sie mal. Aber das ist eine andere Geschichte. Da habe ich mal als

	Kind was abbekommen. Na ja, und ich soll den Rollator da nehmen. Haben Sie den da schon gesehen, da drüben? Aber eigentlich kann ich es noch ganz gut.
PFK Linda:	Ok. Also Hilfsmittel Rollator. Wir werden mal etwas vorsichtig sein, dass Sie nicht stürzen.
Patientin:	Nein, das darf nicht passieren.
PFK Linda:	Wie ist das denn mit Ihrem Ellenbogen nochmal. Wie kommen Sie denn klar im Bad, zum Beispiel mit dem Kämmen?
Patientin:	Kämmen? Na, schauen Sie mal. Das geht noch ein bisschen. Ich mache es immer noch, das will ich auch so. Muss ja immer ins Büro, wissen Sie. Aber aus der Badewanne, das ist immer ziemlich schwer. Das klappt nicht so einfach. Und meine Füße sind auch sehr weit weg. Da kommt man ja nicht runter.
PFK Linda:	Das verstehe ich. Dann werden wir Ihnen ein bisschen helfen in der Badewanne. Und Ihre Nägel, lassen Sie mich mal schauen…. Ja, das mache ich Ihnen auch gleich nach dem Gespräch. Wir sind sowieso gleich fertig.
	Eine letzte Frage noch. Wann haben Sie das letzte Mal Ihre Tochter gesehen?
Patientin:	Meine Tochter? Hm, keine Ahnung. Sie geht ja noch zur Schule. Dann kommt sie gleich nach Hause. Sie ist ganz lieb.
PFK Linda:	Das ist gut. Dann werde ich Ihnen jetzt mal die Nägel schneiden, Frau Müller.
Patientin:	Aber ich will doch jetzt einkaufen gehen? Und Sie müssen doch jetzt auch in die Schule gehen. Na ja gut. Gern.

8.4 Smalltalk über Umgang mit Demenzkranken

innerbetriebliche Kommunikation

an einem Mitarbeitergespräch teilnehmen

Situation:

Die neue Patientin Frau Müller wurde aufgenommen und auch einem Arzt vorgeführt. Nun wurden ihr eine Reihe an Medikamenten verordnet.

Pflegefachkraft Linda sitzt nun mit Azubi Jonas im Pausenraum und sie sprechen über die medikamentöse Therapie von Frau Müller. Dabei kommt die Frage auf, ob man nicht statt der vielen pharmazeutischen Mittel auch auf alternative Behandlungsmethoden setzen könne. Zu beiden Ansätzen existieren Methoden, die mehr oder wenige erfolgreich sind.

Merke:

Zu den Ursachen einer Demenz zählen neben Umweltfaktoren genetische Ursachen und eine lange Lebenszeit.

Bei der Behandlung von Demenz gibt es sowohl schulmedizinische als auch ergänzend alternative Ansätze.

Zu den **schulmedizinischen Behandlungsmethoden** zählt die medikamentöse Therapie (Cholinesterase-Hemmer oder Memantin für die späteren Stadien). Auch werden verschiedene Medikamente kombiniert, um die Symptome besser kontrollieren zu können. Auch psychosoziale Interventionen (kognitive Verhaltenstherapie oder Ergotherapie) finden ihren Einsatz, um die Lebensqualität der Betroffenen zu verbessern.

Zu den **alternativen Behandlungsmethoden** zählen eine besondere Ernährung (mediterrane Ernährung) und Nahrungsergänzungsmittel wie Omega-3-Fettsäuren, Antioxidantien und Vitamine (z.B. Vitamin E). Auch körperliche Aktivität kann die kognitiven Funktionen unterstützen. Weitere komplementäre Therapien wie Aromatherapie, Musiktherapie oder Kunsttherapie können zur Verbesserung des emotionalen Wohlbefindens beitragen. Auch ziehen einige Menschen pflanzliche Heilmittel in Betracht, wie Ginkgo biloba, obwohl die wissenschaftliche Evidenz für deren Wirksamkeit begrenzt ist. Eine gesunde Lebensweise ist dem ebenso zuträglich, sodass sich die Altersdemenz herauszögern und mildern lässt.

Führen Sie gemeinsam mit Ihrem Kollegen oder Ihrer Kollegin eine Diskussion! Verwenden Sie dazu:

Arbeitsblatt 8.4 Smalltalk Behandlungsmethoden

Bei Bedarf wiederholen Sie vorher die nötigen Redemittel mit:

Arbeitsblatt 1.5 Diskussion Redemittel

Arbeitsblatt 8.4 Smalltalk Behandlungsmethoden

Situation Demenzerkrankte und deren Angehörige werden mit Behandlungsmethoden konfrontiert. Dabei stellt sich die Frage, ob eine schulmedizinische Behandlung oder allein ein gesunder Lebensstil ausreichend ist oder ob ein Mix aus allem besser ist, um das Wohlbefinden der Betroffenen zu erhalten.

 Lesen Sie die folgende Frage zum Thema **„Alternative oder schulmedizinische Behandlungsmethoden"** und diskutieren Sie mit Ihrer Partnerin bzw. Ihrem Partner darüber.

Begründen Sie Ihre Meinung und nennen Sie Beispiele. Die drei Aussagen können Ihnen dabei helfen.

Sollten Menschen mit Demenz alternativ oder schulmedizinisch behandelt werden?

Ich finde, die Mischung machts. Ein paar Basismedikamente, Bewegung und gutes Essen waren schon immer der Königsweg gegen Erkrankungen.

Mir ist es wichtig, Patienten nach den neusten wissenschaftlichen Erkenntnissen zu versorgen. Dazu gehören auch neuste pharmazeutische Produkte. Alles andere ist Quatsch.

Die Ursachen sind noch nicht ganz geklärt. Deshalb sollte man auch mit der Verwendung von Medikamenten vorsichtig sein. Warum nicht auf Heilmittel setzen, die schon unseren Großeltern guttaten?

9. Hygieneverhalten

Inhalt des neunten Szenarios: Hygieneverhalten

Textarbeit
Material:
Arbeitsblatt 9.1 Hygiene in Pflegeeinrichtungen
20 Min

Kollegengespräche
Material:
Arbeitsblatt 9.2 Konflikte ansprechen
15 Min

Anleitungen geben
Material:
Arbeitsblatt 9.3 richtig Hände waschen
20 Min

Teamsitzung
Material:
Audio 9.4 Hygiene Teamsitzung
Arbeitsblatt 9.4 Hygiene Protokoll
Lösung Arbeitsblatt 9.4 Hygiene Protokoll
20 Min

Anlass:

Sie sind Auszubildende Klara auf Station F. Heute sollen Sie Schwester Inge begleiten und beim Zugang legen assistieren. Sie wissen aus eigenen Erfahrungen und auch aus der Medizinischen Fachschule, wie wichtig Hygiene im Pflegealltag ist. Sie beobachten aufmerksam die Handlungen Ihrer Mentorin. Während Sie zusehen und auch assistieren, denken Sie, dass die Zeit für mehrmaliges Händewaschen manchmal sehr knapp ist. Denn es gibt Ihrer Meinung nach so viele nötige Handgriffe zu erledigen.

9.1 Informationstext erarbeiten
Lückentext ausfüllen

Wissen aufnehmen und Informationen verstehen

20 Min

Situation:

Sie sind Pflegeschülerin Klara und sitzen während Ihrer Frühstückspause im Aufenthaltsraum und lesen in Ihrem Lehrbuch über das Thema „Hygiene im pflegerischen Alltag". Ihnen kommt dieses gründliche Händewaschen und Desinfizieren schon etwas übertrieben vor. Deswegen wollen Sie noch einmal darüber nachdenken und lesen deshalb einen Text.

Merke:

In Deutschland erfolgt die Berufsausbildung im dualen System.

Das bedeutet, dass zur Ausbildung zur Pflegefachkraft neben dem Besuch der Berufsschule auch die Praxisausbildung in einer pflegerischen Einrichtung gehört. Sinnvoll dabei ist, sowohl theoretisches als auch praktisches Wissen zu erwerben. Azubis tun gut daran, sich immer wieder an theoretische Inhalte aus der Schule zu erinnern und bei Bedarf mit dem Mentor zusammen darüber zu sprechen.

Erarbeiten Sie sich den allgemeinen Informationstext zur Hygiene im pflegerischen Alltag!

Füllen Sie die Lücken mit den entsprechenden Wörtern darunter aus.

Verwenden Sie:

Arbeitsblatt 9.1 Hygiene in Pflegeeinrichtungen

> Lösung: 1b, 2h, 3f, 4a, 5j, 6d, 7g, 8c
>
> 9 richtig, 10 c

Arbeitsblatt 9.1 Hygiene in Pflegeeinrichtungen

In Pflegeeinrichtungen und Krankenhäusern werden Menschen behandelt und gepflegt, die **1** ihres Alters oder wegen ihrer Gesundheitssituation über ein geschwächtes Immunsystem verfügen. Folglich können sie Erreger oft nicht optimal abwehren und sind besonders **2** .

In einem Krankenhaus befinden sich durch die zu behandelnden Menschen eine Vielzahl an Bakterien, Viren und anderen Erregern, die den Patienten schaden können. Oftmals sind verschiedene Antibiotika und andere Medikamente gegen diese Erreger unwirksam.

3 Infektionen, die im Zusammenhang mit medizinischen Eingriffen auftreten können, stellen eine große Gefahr für Patientinnen und Patienten dar. Laut Robert Koch Institut (2019) erkranken in Deutschland jährlich ca. 400.000 bis 600.000 Personen an nosokomialen Infektionen, etwa 10.000 bis 20.000 sterben sogar daran. Das Risiko, in einer Einrichtung zu erkranken, ist also **4**.

Deshalb sind Hygieneregeln für Pflegefachkräfte besonders wichtig. Nur die Einhaltung von Hygienemaßnahmen kann effektiv **5** Infektionen schützen. Denn typisch für Pflegearbeit ist der enge Kontakt mit den Patientinnen und Patienten. Deswegen kommen sie auch vermehrt mit pathogenen Keimen in Berührung. Selbstredend ist professionelles Handeln, **6** regelmäßiges und sorgfältiges Händewaschen und Desinfizieren gehört, äußerst wichtig.

Auch wenn der Arbeitsalltag hektisch und voller anspruchsvoller Aufgaben ist, müssen diese Maßnahmen mehrmals umgesetzt werden, das sollte u.a. zu Arbeitsbeginn, vor und nach dem Essen, nach dem Toilettengang und nach dem körperlichen Kontakt mit Patienten, aber auch vor der Medikamentengabe **7** nach dem Kontakt mit Stuhl, Urin, Speichel oder Blut erfolgen.

Insgesamt wird von jeder Pflegefachkraft aber gute bis sehr gute Körperhygiene erwartet. Grundsätzlich ist Dienstkleidung zu tragen, längeres Haar wird zusammengebunden oder hochgesteckt, **8** die Übertragung von Krankheitserregern erschwert wird. Weiterhin ist ein sauberes und gepflegtes Erscheinungsbild zwingend erforderlich. Dazu gehört die tägliche Körperpflege (zweimal Zähne putzen, regelmäßiges Haarewaschen und Duschen, Nagelpflege). Hygiene in der Einrichtung beginnt bei jedem selbst und muss zwingend systematisch umgesetzt werden.

A	erhöht	F	insbesondere
B	aufgrund	G	sowie
C	wodurch	H	gefährdet
D	wozu	I	weil
E	dazu	J	vor

9 In Pflege- und Krankeneinrichtungen herrscht hohe Gefahr, sich mit multiresistenten Keimen zu infizieren.

richtig/ falsch

10 Pflegefachkräfte

a) verbreiten besonders häufig Viren und Infektionen.

b) haben keine Zeit zum Toilettengang oder zum körperlichen Kontakt.

c) tragen besondere Verantwortung bei der Verbreitung von Keimen.

9.2 Kollegengespräch

15 Min

Probleme benennen und mögliche Lösungen besprechen

Situation:

Sie sind die Auszubildende Klara und haben nach der Pause gemeinsam mit Ihrer Mentorin Schwester Inge eine Patientin umgebettet. Anschließend beobachteten Sie, wie Schwester Inge zum nächsten Patienten ging, ohne sich vorher die Hände gereinigt zu haben und Fieber bei ihm maß.

Merke:

In den Einrichtungen ist es üblich, dass Auszubildene durch einen Mentor betreut werden. Diese Person soll den Azubis dabei helfen, sich zurechtzufinden und alle Fragen zu beantworten, die auftreten.

Es ist dabei wichtig, dass beide zueinander Vertrauen haben und offen miteinander reden können. Im Falle von divergierenden Meinungen sollte man darauf aufbauend gemeinsam den Austausch anstreben und eine Lösung herbeiführen.

Führen Sie als Azubi Klara (Person B) mit Ihrer Mentorin Schwester Inge (Person A) ein Gespräch, nachdem sie ohne Hände zu reinigen von einem zum nächsten Patienten gegangen war und direkten Kontakt mit beiden hatte. Verwenden Sie dazu:

Arbeitsblatt 9.2 Konflikte ansprechen

Person B nutzt einen neutralen, fragenden Tonfall! Gehen Sie gemeinsam ins Gespräch, wobei Person A (Schwester Inge) diese Situation anfangs herunterspielt, dann aber den Fehler zugibt und mit Klara zielorientiert spricht.

Tauschen Sie anschließend die Rollen und nehmen die Perspektive des anderen ein!

Besprechen Sie zum Schluss gemeinsam, wie es Ihnen in den jeweiligen Runden ergangen ist.

Reflektieren Sie Ihre Gefühle beim Üben und beim Erhalten der Kritik.

Was bedeutet es für Sie als professionelle Pflegefachkraft?

Arbeitsblatt 9.2 Konflikte ansprechen

 Führen Sie als Auszubildende Klara (Person B) mit Ihrer Mentorin Schwester Inge (Person A) ein Gespräch, nachdem sie ohne Hände zu reinigen von einem zum nächsten Patienten gegangen war und direkten Kontakt mit beiden hatte.

Nutzen Sie einen neutralen, fragenden Tonfall!

Gehen Sie gemeinsam ins Gespräch, wobei Schwester Inge diese Situation anfangs herunterspielt, dann aber den Fehler zugibt und mit Klara zielorientiert spricht.

Redemittel

- Wie sagt man das auf Deutsch?
- Ich habe beobachtet/ bemerkt, dass...
- Tut mir leid, dass ich das ansprechen muss. Aber vielleicht war das eben nicht ganz korrekt.
- Mir ist aufgefallen, dass...

Pflegefachkraft Inge

Sie sind langjährig in Ihrem Beruf tätig und wissen, was richtig und falsch ist.

Manchmal scheint die Arbeit Ihnen allerdings sehr anstrengend.

Sie sind bemüht, den vielen Arbeitsaufgaben gerecht zu werden. Besonders das Mentoring mit Azubi Klara ist manchmal eine zusätzliche Belastung, die Sie aber gern machen.

Die Zeit sitzt einer Pflegefachkraft nun mal immer irgendwie im Nacken.

Auszubildende Klara

Sie sind Auszubildene Klara auf Station F. Sie waren mit Ihrer Mentorin Schwester Inge beim Zugang legen. Sie assistierten ihr. Da wurde Schwester Inge zu einem anderen Patienten gerufen, dem sie auch gleich folgte. Leider mussten Sie beobachten, dass die Pflegefachkraft zwischendurch nicht ihre Hände desinfizierte. Sie wissen, dass hier ein grober Fehler begangen wurde.

 Spielen Sie das Gespräch und finden Sie eine Lösung!

Tauschen Sie anschließend die Rollen!

Wie fühlt es sich jeweils an?

9.3 Anleitungen geben

20 Min

Unterweisungen zur Arbeitssicherheit und zum Gesundheitsschutz verstehen
an der Qualitätssicherung mitarbeiten

Situation:

Nachdem Sie als Auszubildene Klara mit der Pflegefachkraft Inge ein offenes Gespräch über Hygieneverhalten im Pflegealltag geführt haben, werden Sie von ihr angeleitet, wie man sich gründlich und richtig die Hände wäscht. Sie wissen beide, dass Fehler im Alltag vorkommen und über ständige Reflexion minimiert werden können.

Merke:

Händewaschen ist im Alltag und besonders in Pflegeeinrichtungen von entscheidender Bedeutung, da so die Ausweitung von Infektionen verhindert wird. Regelmäßiges und gründliches Händewaschen entfernt Keime und Bakterien von den Händen, die von Patienten, Oberflächen oder anderen Quellen aufgenommen wurden. Damit wird sowohl die eigene Gesundheit als auch die der Patienten geschützt.

Es stellt eine einfache, aber äußerst wichtige Maßnahme dar, mit der allen Sicherheit und Wohlbefinden gewährleistet werden kann.

Führen Sie als Pflegefachkraft Inge die Auszubildende Klara (Person A) (Person B) durch den Prozess!

Verwenden Sie:

Arbeitsblatt 9.3 richtig Hände waschen

Wechseln Sie anschließend gern die Rollen!

Notieren Sie sich anschließend die erarbeiteten Sätze. Achten Sie auf kohärenzstiftende Mittel!

 **Arbeitsblatt 9.3 richtig Hände waschen**

Arbeiten Sie als Schwester Inge (Person A) zusammen mit Azubi Klara (Person B).

Entwickeln Sie den Ablauf richtigen Händewaschens!

Verwenden Sie strukturgebende Adverbien (zuerst, dann, danach, anschließend, weiterhin, abschließend). Diese Verbindungsadverbien können entweder Position eins im Hauptsatz einnehmen oder in der Satzmitte. Probieren Sie verschiedene Möglichkeiten.

Verwenden Sie dafür folgende Angaben:

> Hände unter fließendes Wasser halten - Hände mit Seife einschäumen - Handflächen innen - Fingerkuppen, Zwischenräume, Finger und Daumen, Handrücken einseifen - ca. 30 Sekunden lang abspülen, ca. 30 Sekunden lang abtrocknen (auch Zwischenräume)

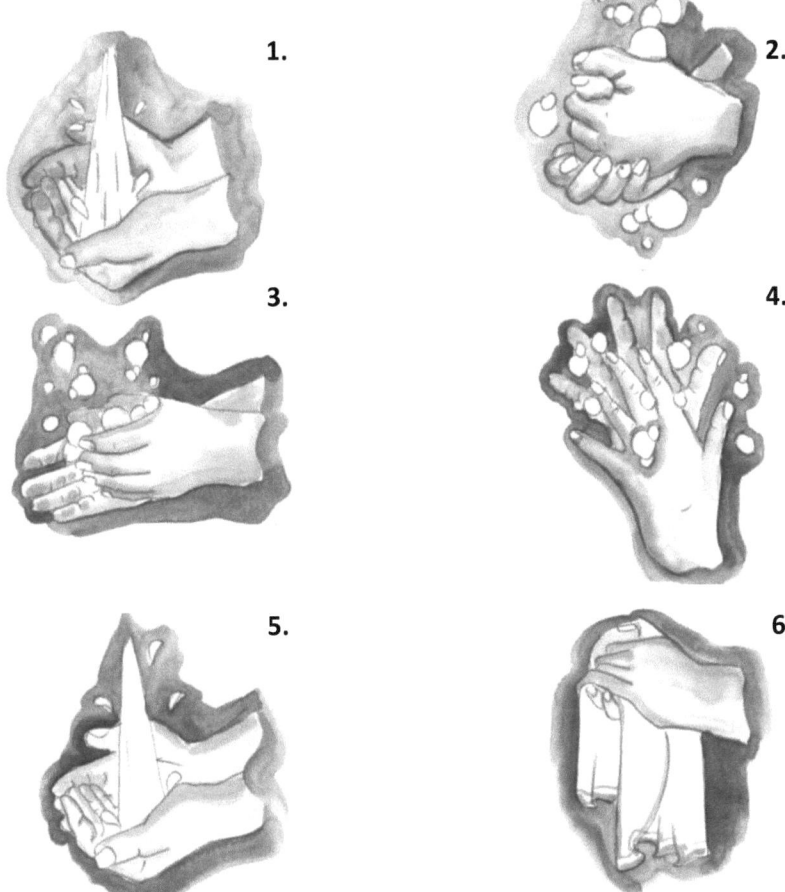

1.

2.

3.

4.

5.

6.

 Schreiben Sie sich Ihren erarbeiteten Ablauf in ganzen Sätzen auf!

9.4 Teamsitzung

20 Min

an einer Teamsitzung teilnehmen
auf Mängel und Sachverhalte aufmerksam machen und Verbesserungsvorschläge
unterbreiten

Situation:

Auf Station F hat die Pflegedienstleitung kurzfristig zum Teammeeting eingeladen. Sie sind auf dem Meeting. Es gibt keine Tagesordnung dafür, sodass sie relativ gespannt sind, was es zu besprechen gibt. Sie haben nur gehört, dass es wohl Beschwerden gegeben haben soll.

Merke:

Teamsitzungen sind wichtige Zusammentreffen. Je nach Planungsstand kann der Teamleiter vorher eine Tagesordnung mit klaren Tagesordnungspunkten (TOP) verschicken. Oder auch ohne angekündigte TOPs ist eine solche Sitzung möglich. Wichtig ist, dass zu den Sitzungen ein Ergebnisprotokoll geschrieben wird, um alle Beschlüsse festzuhalten. Das bekommen anschließend alle Anwesenden und Interessenten.

Hören Sie das Meeting! Verwenden Sie dazu:

Audio 9.4 Hygiene Teamsitzung

Vervollständigen Sie das Ergebnisprotokoll! Verwenden Sie:

Arbeitsblatt 9.4 Hygiene Protokoll

Vergleichen Sie nach Bearbeitung mit:

Lösung Arbeitsblatt 9.4 Hygiene Protokoll

Bei Bedarf lesen Sie zum besseren Verständnis auch die Transkription zum Meeting unter:

Transkription 9.4 Hygiene Teamsitzung

 **Arbeitsblatt 9.4 Hygiene Protokoll**

Ergänzen Sie das Ergebnisprotokoll der Teamsitzung! Lesen Sie dafür die Strategie!

Strategien zum Verfassen eines Ergebnisprotokolls

- Vorbereitung ist wichtig! (Teilnehmerliste und Tagesordnung besorgen)

- Aufmerksam zuhören und bei Bedarf nachfragen!

- Abkürzungen verwenden, um schneller schreiben zu können!

- Nur wichtige Ergebnisse notieren!

- Schreiben im Präsens!

Ergebnisprotokoll Teamsitzung Station F

Ort: Raum F 02   **Datum:** 02.02.20...   **Uhrzeit:** 9:30 Uhr-.............

Leitung der Sitzung: ....

Protokollführung: ....

Teilnehmer/-innen: Pfleger Thomas,...........

abwesend: ....

Tagesordnung

TOP 1 Hygieneverhalten   Beschwerden ....
auf Station

Top 2 Weiterbildungen   ....

Top 3 Urlaubsplanung   verschoben auf nächste Woche,.........

Unterschrift, Datum

...., 03.02.202....

Lösung Arbeitsblatt 9.4 Hygiene Protokoll

Hier finden Sie eine Idee für ein mögliches Ergebnisprotokoll. Unter TOP 1 bis TOP 3 sind ähnliche Antworten möglich.

Strategien zum Verfassen eines Ergebnisprotokolls

- Vorbereitung ist wichtig! (Teilnehmerliste und Tagesordnung besorgen)
- Aufmerksam zuhören und bei Bedarf nachfragen!
- Abkürzungen verwenden, um schneller schreiben zu können!
- Nur wichtige Ergebnisse notieren!
- Schreiben im Präsens!

Ergebnisprotokoll Teamsitzung Station F

Ort: Raum F 02   **Datum:** 02.02.20...   **Uhrzeit:** 9:30-10.00Uhr

Leitung der Sitzung: Pflegedienstleitung Schwester Paula

Protokollführung: Pfleger Thomas

Teilnehmer/-innen: Pfleger Thomas, Schwester Linda, Auszubildende Klara

abwesend: Schwester Inge und Tamea

Tagesordnung

TOP 1 Hygieneverhalten auf Station — Beschwerden von Patienten und aus dem Team müssen aufhören, sich an Hygieneregeln halten, Verordnung studieren und einhalten

Top 2 Weiterbildungen — Thomas möchte Weiterbildung zum Hygienebeauftragten machen, er sucht sich selbst Informationen dazu

Top 3 Urlaubsplanung — verschoben auf nächste Woche, Wünsche in Liste eintragen

Unterschrift, Datum

Pfleger Thomas,   03.02.202.......

Transkription 9.4 Hygiene Teamsitzung

PDL Paula:	… Dann lasst uns anfangen. Hallo, liebe Kolleginnen und Kollegen, schön, dass ihr es alle so kurzfristig ermöglichen konntet. Ich werde mich auch kurzfassen, weil ich um 10 Uhr mit dem Oberarzt Prof. Dr. Huber einen Termin habe. Wer schreibt Protokoll? Schwester Linda?
PFK Linda:	Schwester Paula, kann vielleicht jemand anderes diesmal schreiben? Ich war bereits letztes Mal dran und mein Kind ist zu Hause krank. Ich kann mir jetzt gerade keine zusätzliche Zeit dafür nehmen. Vielleicht kann Thomas?
PFK Thomas:	Klar, ich kann das übernehmen. Ist doch gar kein Problem.
PDL Paula:	Na wunderbar. Das klappt ja. Unsere Kollegen Schwester Inge und Schwester Tamea sind heute leider aus Krankheitsgründen verhindert.
PFK Linda:	Was haben sie denn?
PDL Paula:	Keine Ahnung. Eine Grippe vielleicht. So, warum ich so kurzfristig dieses spontane Meeting einberufen habe, ist der folgende Grund: Es gab leider von Patienten aber auch innerhalb des Teams Beschwerden bezüglich des täglichen Hygieneverhaltens von uns. Wir wissen, dass regelmäßiges Desinfizieren und Hände gründlich waschen zu den Routinehandlungen Nummer eins einer Pflegekraft gehören.
Auszubildene Klara:	Ja, das haben wir auch in der Medizinschule gelernt. Auch haben wir das schon auf der Station hier geübt. Leider ist manchmal der Alltag so schnell und es gibt so viel zu tun, dass wir es nicht immer schaffen. Dann steht der nächste Ruf schon, sodass ich mit der Schwester Inge gleich zum nächsten Bett eilen muss. Wirklich, ich finde das manchmal nicht umsetzbar, diese Vorschriften.
PFK Thomas:	Ich weiß, was du meinst, Klara. Das kann ich verstehen. Aber weißt du, wie schlimm so eine Krankenhausinfektion ist? Die kann durch schlecht gewaschene oder nicht desinfizierte Hände ganz schnell übertragen werden.
Auszubildene Klara:	Ja, das stimmt. Ich hatte auch mit meiner Mentorin neulich diese Situation. Da war sie einfach schnell zum nächsten Zimmer geeilt. Danach haben wir das aber besprochen und wir haben vereinbart, dass wir zukünftig nach Beendigung der Arbeit am Patienten wenigstens gründlich desinfizieren.
PDL Paula:	Ja, diese Situation wurde mir auch berichtet. Ich möchte an dieser Stelle noch einmal ganz klar auf unsere Hygieneverordnung hinweisen. Die ist zwingend einzuhalten, Leute. Durch jeden. Die Folgen nachlässigen Handelns könnten gravierend sein!

	Können wir uns darauf einigen, dass jeder sich noch einmal mit den Hygienevorschriften auseinandersetzt. Und dann bewusst seine Hände wäscht? (zustimmendes Brummen)
	Dann kommen wir zum zweiten wichtigen Punkt. Weiterbildungen und Qualifizierungen. Gibt es von eurer Seite aus Wünsche?
PFK Thomas:	Ja klar. In diesem Zusammenhang wollte ich mal fragen, ob ich vielleicht die Weiterbildung zum Hygienebeauftragten machen könnte? Das würde ich super gerne machen. Anschließend könnte ich dies neben meiner täglichen Arbeit als Pfleger hier auf Station F machen.
PDL Paula:	Huch, das sind ja interessante Neuigkeiten, Thomas! Mensch, das kannst du gleich mit ins Protokoll nehmen. Bei der nächsten Sitzung kannst du uns gerne erzählen, wann und wo die Schulungen stattfinden, damit wir dies in der Pflegedienstplanung berücksichtigen können.
PFK Thomas:	Ja, das ist klar. Gern. Ich mach mich mal schlau und berichte dann.
PDL Paula:	Sehr schön. Damit kommen wir dann zum Ende, so schnell geht das. Den letzten Punkt, die Urlaubsplanung für den Sommer, verschieben wir aufs nächste Meeting, weil ich jetzt gleich zum Oberarzt rüber muss. Bitte tragt schon mal Eure Wünsche ein, damit wir sehen können, wie wir es im Sommer am besten organisieren. Dann hat Klara ja auch ausgelernt und könnte uns als examinierte Pflegefachkraft voll zur Verfügung stehen.
	So, aber bis dahin ist viel zu tun.
	Ich wünsche Euch noch einen erfolgreichen Nachmittag. Machts gut!
	Klopfen

Abkürzungen:

PDL: Pflegedienstleitung

PFK: Pflegefachkraft

10. Medikamentengabe

Inhalt des zehnten Szenarios: Medikamentengabe

Patientengespräch

Material:

Arbeitsblatt 10.1 Patientengespräch Redemittel
Arbeitsblatt 10.1 Patientengespräch Rollenkarten

30 Min

Telefonat mit einem Arzt

Material:

Arbeitsblatt 10.2 Telefonat

10 Min

Pflegedokumentation schreiben

Material:

Arbeitsblatt 10.3 Pflegedokumentation

30 Min

Diskussion über ein Thema

Material:

Arbeitsblatt 10.4 Diskussion Schmerzmittel

10 Min

Anlass:

Während des Pflegeprozesses erleiden viele Patienten aufgrund ihres körperlichen Zustandes Schmerzen. Um diese zu lindern, werden nach ärztlicher Verordnung verschiedene Analgetika verabreicht. Diese sollen den Genesungsprozess der Patienten erleichtern.

Auch auf Station F gibt einen neuen Patienten. Er heißt Herr Krumer und wurde nach einem Motorradunfall vor zwei Tagen notoperiert. Er klagt ständig über Schmerzen, auch wenn er bereits Schmerzmittel erhielt.

Er verhält sich zunehmend unzufriedener mit seiner Situation und der Pflegearbeit.

 # 10.1 Patientengespräch

Wünsche, Sorgen und Nöte anderer verstehen und darauf angemessen reagieren

Situation:

Patient Herr Krumer hatte vor zwei Tagen einen Motorradunfall erlitten und wurde notoperiert. Nun ist er auf Station und äußert Ängste bezüglich seiner Zukunft. Auch klagt er über massive Schmerzen in der rechten Schulter.

Pfleger Thomas hat heute Dienst auf Station. Er ruft nach Pflegefachkraft Thomas und bittet ihn um Medikamente.

Merke:

Als Pflegefachkraft sind Sie der direkte Ansprechpartner nach medizinischen Eingriffen und während der Pflege eines Patienten. Das bedeutet, dass Sie in diesen Situationen emotional angemessen agieren müssen. Auch bedeutet es, dass Sie sich dem Patienten zuwenden, sich empathisch verhalten und offene Fragen stellen!

Beachten Sie, dass Pflegearbeit **Beziehungsarbeit** ist!

Um sie effektiv zu gestalten, können Sie für diese Situationen Redemittel verwenden.

Planen Sie als Pflegefachkraft Thomas (Person A) ein Gespräch mit dem Patienten Herrn Krumer (Person B)

Entwickeln Sie dafür typische Redemittel!

Verwenden Sie dazu:

Arbeitsblatt 10.1 Patientengespräch Redemittel

Führen Sie als Pflegefachkraft Thomas (Person A) ein Gespräch mit Herrn Krumer (Person B). Verwenden Sie dazu:

Arbeitsblatt 10.1 Patientengespräch Rollenkarten

Arbeitsblatt 10.1 Patientengespräch Redemittel

 Bitte entwickeln Sie Redemittel für die Pflegefachkraft und den Patienten, um die Gesprächssituation angemessen und für den Patienten zufriedenstellend zu gestalten.

Ziel ist es, anschließend einen Dialog zwischen den beiden Personen zu spielen.

Situationen beschreiben	Prognosen über Entwicklungen	Nachfragen stellen
- - -	- - -	- - -

Lösungen anbieten	eigene Ideen	eigene Ideen
- - -	- - -	- - -

Entwickeln Sie jetzt einen Dialog zwischen der Pflegefachkraft Thomas und dem Patienten Herrn Krumer!

Arbeitsblatt 10.1 Patientengespräch Rollenkarten

Führen Sie ein Patientengespräch!

Entwickeln Sie selbst die Daten zum Setting, wie Datum, Uhrzeit, kompletter Name des Patienten, Zimmer, Bitte/Beschwerde, Medikament, Dosierung, Planung!

Beachten Sie die Grundpfeiler der Kommunikation!

Dazu gehören unter anderem:

- **Aktives Zuhören**
- **Empathie zeigen**
- **Körpersprache beachten**
- **Klare und einfache Sprache verwenden**

Pflegefachkraft Thomas

Sie haben heute Schicht auf Station und der vor zwei Tagen eingelieferte Patient Herr Krumer ruft wegen seiner Schmerzen schon das dritte Mal nach Ihnen.

Patient Herr Krumer

Sie leiden an starken Schmerzen nach der Operation. Sie wollen aber nicht leiden und dringen auf schnelle Abhilfe. Ihnen ist es egal, ob sie bereits Medikamente bekamen. Ihre Situation verstimmt Sie.

Notieren Sie, zu welchen Ergebnissen es in dem Gespräch kam. Schreiben Sie dazu einige Sätze.

10.2 Telefonat mit dem Arzt

10 Min

Informationen austauschen

Anweisungen verstehen und umsetzen

Situation:

Pflegefachkraft Thomas hat mit Herrn Krumer länger gesprochen. Er konnte seine Ängste zerstreuen und ihn etwas beruhigen. Da dieser über massive Schmerzen klagt, wollen Sie nun den Stationsarzt kontaktieren, damit dem Patienten ein weiteres oder anderes Schmerzmittel verabreicht werden kann. Da die Arzneimittelverordnung vom Arzt durchgeführt wird, muss PFK Thomas kurz mit dem diensthabenden Arzt sprechen und seine Anordnung einholen.

Merke:

Medikamente dürfen in medizinischen Einrichtungen nur nach Verordnung durch den behandelnden Arzt verabreicht werden. Dies darf allerdings nur in Ausnahmefällen telefonisch erfolgen.

Die Gabe der Medikamente erfolgt immer nach der 6-R-Regel!

6-R-Regel

1. **richtiger Bewohner**

2. **richtiges Medikament**

3. **richtige Dosierung und Konzentration**

4. **richtiger Zeitpunkt**

5. **richtige Verabreichungsart**

6. **richtige Dokumentation**

Planen Sie als Pflegefachkraft Thomas (Person A) ein Gespräch mit der Ärztin Frau Dr. Hübner.

Berücksichtigen Sie die 6-R-Regel! Verwenden Sie:

Arbeitsblatt 10.2 Telefonat

Führen Sie als Pflegefachkraft Thomas (Person A) ein kurzes Telefonat mit Frau Dr. Hübner (Person B).

Verwenden Sie dazu:

Arbeitsblatt 10.2 Telefonat

 **Arbeitsblatt 10.2 Telefonat**

 Führen Sie ein Telefonat mit der Stationsärztin!

Beachten Sie, dass Ärzte genauso wenig Zeit haben wie Sie als Pflegefachkraft. Das bedeutet, dass das Telefonat kurz und knapp sein sollte.

Es sollte folgende Parameter beinhalten

- Wer sind Sie?
- Warum rufen Sie an?
- kurze Vorstellung der aktuellen Patientensituation
- konkretes Anliegen formulieren
- bei Bedarf kurze Nachfragen stellen
- sich bedanken und kurze Verabschiedung

Pflegefachkraft

Sie sind Pflegefachkraft Thomas. Auf Ihrer Station klagt Herr Krumer über massive Schmerzen. Sie würden ihm gern ein anderes Schmerzmittel verabreichen, brauchen dafür aber die Erlaubnis und Anordnung des Arztes. Sprechen Sie mit der Stationsärztin darüber am Telefon.

Ärztin

Sie sind Frau Dr. Hübner und arbeiten als Ärztin auch für die Station von Pflegefachkraft Thomas. Er ruft Sie an. Sie sind gerade mit einer Schreibarbeit beschäftigt, als der Anruf eingeht.

Schreiben Sie abschließend zusammenhängende Sätze zum Gespräch zwischen Pflegefachkraft Thomas und Frau Dr. Hübner. Verwenden Sie kohärenzstiftende Mittel!

10.3 Pflegedokumentation schreiben

30 Min

Arbeitsprozesse dokumentieren

Situation:

Herrn Krumer plagten nach der Operation massive Schmerzen. Nachdem er Sie um ein Schmerzmittel gebeten hatte, telefonierten Sie kurz mit der Ärztin. Nach deren Zustimmung und Anweisung konnten Sie dem Patienten anschließend ein anderes Schmerzmittel geben. Nun dokumentieren Sie den Vorfall in der Pflegedokumentation.

Merke:

Das Schreiben einer Pflegedokumentationen gehört zum pflegerischen Alltag einer jeden Pflegefachkraft. Diese muss bestimmten Standards entsprechen. Orientieren Sie sich an diesen!

Standards zum Schreiben einer Pflegedokumentation

- schriftlich
- wertfrei und objektiv formuliert
- umfassend
- zeitnah
- dokumentenecht (dokumentenechter Stift, z. B. Kugelschreiber)
- lückenlos

Schreiben Sie die Pflegedokumentation für den Patienten!

Nutzen Sie unterstützend:

Arbeitsblatt 1.2 Kriterien Pflegedokumentation

Verwenden Sie:

Arbeitsblatt 10.3 Pflegedokumentation

Da Sie das gesamte Setting um die Situation selbst entwickelt haben, ist es an dieser Stelle nicht möglich, einen Lösungsvorschlag anzubieten.

Arbeitsblatt 10.3 Pflegedokumentation

 Bitte verschriftlichen Sie den vorhergehenden Prozess im Pflegebericht zum Vorgehen bei Herrn Krumer. Achten Sie dabei auf die Standards!

Standards zum Schreiben einer Pflegedokumentation

- schriftlich
- wertfrei und objektiv formuliert
- umfassend
- zeitnah
- dokumentenecht (dokumentenechter Stift, z. B. Kugelschreiber)
- lückenlos

 Ergänzen Sie:

- persönliche Daten (Name, Alter, Zimmer)
- Diagnose
- aktueller Zustand
- Was ist geplant und/oder veranlasst (Diagnostik/ Pflegemaßnahmen)
- Was soll Ihre Kollegin oder Ihr Kollege noch tun?
- Verwenden Sie dazu folgende Tabelle:

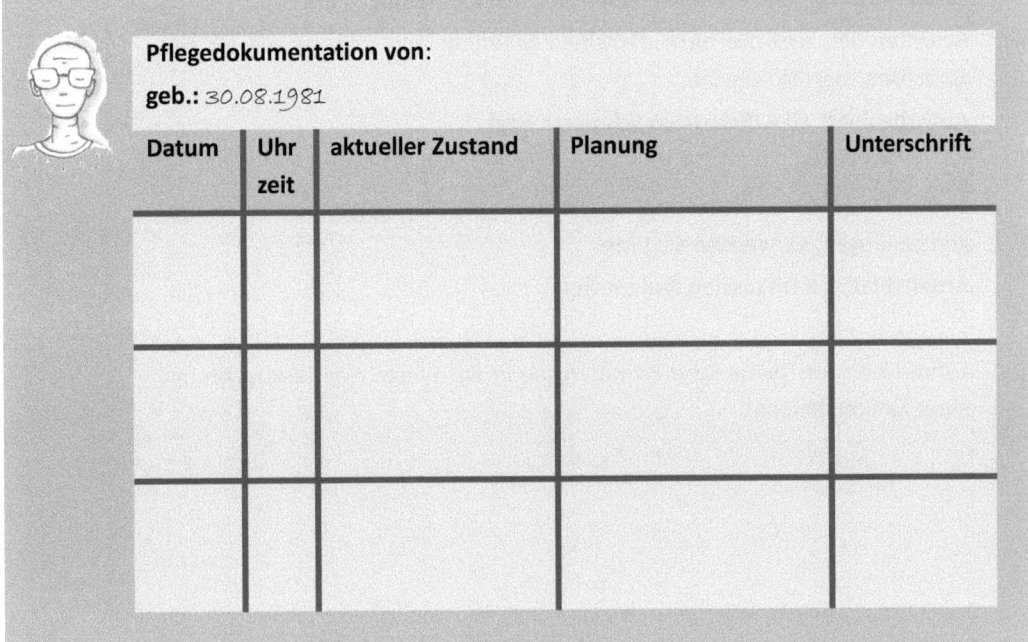

Pflegedokumentation von:
geb.: 30.08.1981

Datum	Uhr zeit	aktueller Zustand	Planung	Unterschrift

 Bei Bedarf formulieren Sie einige Sätze aus!

10.4 Diskussion über ein Thema

10 Min

an einer Fachdiskussion teilnehmen

Situation:

Sie haben Herrn Krumer auf Wunsch zur Schmerzstillung ein Schmerzmittel verabreicht. Danach ist er zufrieden eingeschlafen. Nun können Sie selbst eine Pause einlegen und entspannt mit Kollegen eine kleine Diskussion führen. Sie bringen das Thema Schmerzmittelgabe ein.

Merke:

In vielen Prüfungsformaten ist die Diskussion über ein Thema ein zentraler Bestandteil. In manchen Prüfungen gibt es Vorbereitungszeit dafür, in anderen wiederum nicht. Das Ziel sollte es sein, spontan die eigene Meinung zu äußern, diese zu begründen und ein Beispiel dafür zu nennen. Wichtig ist auch die gegenseitige Interaktion. Das bedeutet, dass Sie sich in Ihren Äußerungen auf den Gesprächspartner beziehen.

Lesen Sie die Meinungen der Personen genau durch.

Überlegen Sie anschließend, was Ihre Meinung zu diesem Thema ist, warum Sie sie vertreten und eventuell haben Sie auch ein Beispiel dafür.

Beachten Sie, dass Sie nicht derselben Meinung sein müssen wie Ihr Gesprächspartner! Nutzen Sie:

Aufgabenblatt 10.4 Diskussion Schmerzmittel

Sollten Sie nochmals Redemittel zum Äußern von Meinungen und Vermutungen benötigen, verwenden Sie bitte:

Arbeitsblatt 1.5 Diskussion Redemittel

Führen Sie zum Thema Schmerzmittelgabe in der Pflege eine Diskussion mit einer zweiten Person!

Arbeitsblatt 10.4 Diskussion Schmerzmittel

Situation   In der Pflege ist der häufige Einsatz von Schmerzmitteln ein wichtiges Thema. Die Situation um den Patienten Krumer ist hier nur beispielhaft.

   Lesen Sie die folgende Frage und diskutieren Sie mit Ihrer Partnerin bzw. Ihrem Partner darüber.

Begründen Sie Ihre Meinung und nennen Sie Beispiele. Die drei Aussagen können Ihnen dabei helfen.

Sind Sie bereit, Patienten auf Wunsch Schmerzmittel zu verabreichen?

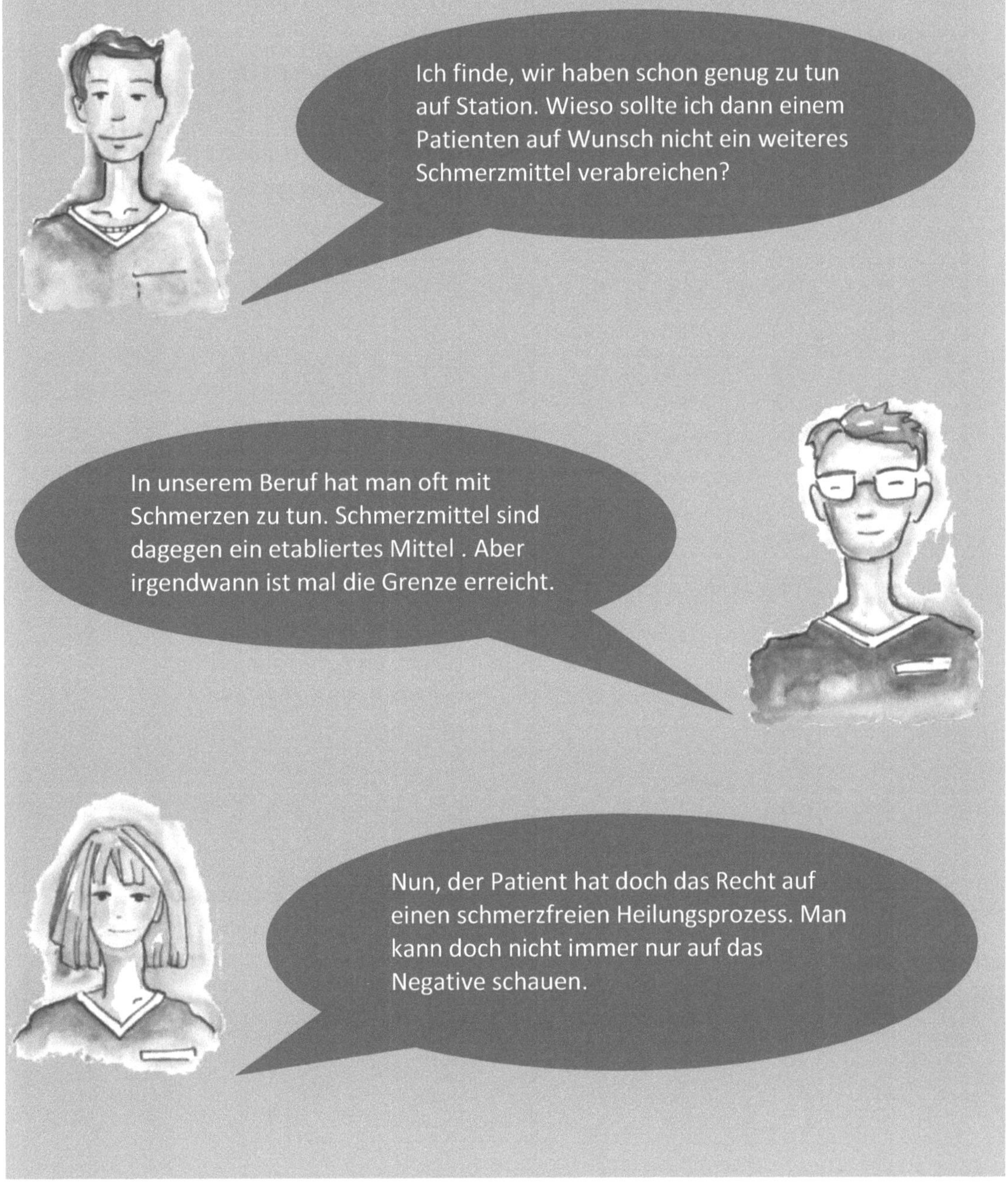

Ich finde, wir haben schon genug zu tun auf Station. Wieso sollte ich dann einem Patienten auf Wunsch nicht ein weiteres Schmerzmittel verabreichen?

In unserem Beruf hat man oft mit Schmerzen zu tun. Schmerzmittel sind dagegen ein etabliertes Mittel . Aber irgendwann ist mal die Grenze erreicht.

Nun, der Patient hat doch das Recht auf einen schmerzfreien Heilungsprozess. Man kann doch nicht immer nur auf das Negative schauen.

Schlusswort

Lieber Lerner, liebe Lernerin,

am Schluss der Szenarios angekommen, haben Sie nun sowohl allein als auch im Team eine Vielzahl pflegerischer Alltagssituationen bearbeitet. Sicher waren einige Dinge neu, aber auch vorhandene Kompetenzen konnten garantiert gebündelt werden.

Sollten Sie weitere Bücher von mir wünschen, kann ich Ihnen meine erste Veröffentlichung empfehlen. In diesem habe ich ein umfangreiches Trainingsprogramm zum Hören und gleichzeitigen Schreiben für Sie entwickelt.

Sie können damit den Subtest „Hören und Schreiben B2" aus der telc-Prüfung „Deutsch – Test für den Beruf B2" trainieren. Er gilt allgemein als anspruchsvoll und sollte aus diesem Grund extra geübt werden. Besonders an diesem Subtest ist das Tempo, das Sie bei der Bearbeitung an den Tag legen müssen. Das heißt, Sie müssen schnell schreiben und auch Teile der Ansage im Kopf speichern.

Wertvoll ist diese Veröffentlichung aber auch unabhängig von der DTB B2, denn Hören und Schreiben ist eine der grundlegendsten Kompetenzen im pflegerischen Alltag.

Zu empfehlen ist dieses Buch ab GER B1 bis hoch zu C1. Es ist im Buchhandel erhältlich.

Deutsch- Test für den Beruf Hören und Schreiben B2
ISBN-13: 978-3758327094

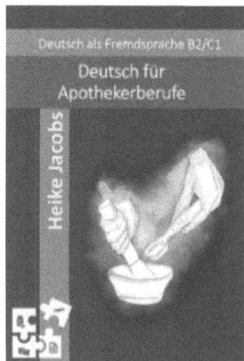

Deutsch für Apothekerberufe
ISBN-13: 9783695186334

Zur Vorbereitung auf die Fachsprachprüfung für Apotheker wurden in diesem Buch Texte, grammatische Übungen, aktivierende Dialogangebote zusammengestellt.

 Sollten Sie über die Veröffentlichungen hinaus ein **prüfungsvorbereitendes Coaching** benötigen, können Sie sich gern über meine E-Mail mit mir in Verbindung setzen: **heikejacobs@gmx.net**

Ich wünsche Ihnen für Ihre Projekte alles Gute und viel Erfolg.